浙江省卓越教师培养协同创新2017—2018年重点项目
"教师教学设计应用模式研究"成果

当代前沿教学设计译丛[第二辑] 主编/盛群力 刘徽　　梦山书系

The New
Art and Science
of Teaching

新教学艺术与科学

[美] 罗伯特·J. 马扎诺（Robert J. Marzano）著

盛群力　蒋慧　陆琦　金琦钦　译

海峡出版发行集团 | 福建教育出版社

图书在版编目（CIP）数据

新教学艺术与科学／（美）罗伯特·J. 马扎诺著；盛群力等译. —福州：福建教育出版社，2018.4（2022.4 重印）
（当代前沿教学设计译丛／盛群力，刘徽主编. 第二辑）
ISBN 978-7-5334-8070-7

Ⅰ.①新… Ⅱ.①罗… ②盛… Ⅲ.①教学研究 Ⅳ.①G420

中国版本图书馆 CIP 数据核字（2018）第 039263 号

Title：The new art and science of teaching / author：Robert J. Marzano.
Copyright © 2017 by Solution Tree Press
All rights are reserved，including the right of reproduction of this book in whole or part in any form.
本书中文简体翻译版由福建教育出版社独家出版并限于中国大陆地区销售。未经出版者书面许可，不得以任何方式复制或发行本书的任何部分。

当代前沿教学设计译丛（第二辑）

盛群力 刘徽 主编
Xin Jiaoxue Yishu Yu Kexue
新教学艺术与科学
［美］罗伯特·J. 马扎诺 著
盛群力 蒋慧 陆琦 金琦钦 译

出版发行	海峡出版发行集团
	福建教育出版社
	（福州市梦山路 27 号　邮编：350025　网址：www.fep.com.cn）
	编辑部电话：0591-83779615
	发行部电话：0591-83721876　87115073　010-62024258）
出 版 人	江金辉
印　　刷	福州报业鸿升印刷有限责任公司
	（福州市仓山区建新镇建新北路 151 号　邮编：350082）
开　　本	710 毫米×1000 毫米　1/16
印　　张	11.5
字　　数	167 千字
插　　页	1
版　　次	2018 年 4 月第 1 版　2022 年 4 月第 3 次印刷
书　　号	ISBN 978-7-5334-8070-7
定　　价	30.00 元

如发现本书印装质量问题，请向本社出版科（电话：0591-83726019）调换。

目 录

前言　1

引论：《新教学艺术与科学》编写回顾 \ 1
 本模式的研究支撑 \ 2
 《新教学艺术与科学》的主要特点 \ 6
 新旧版本的差异 \ 10
 面向教学改革的一个框架 \ 11

第一章　明确学习目标 \ 13
 要素1：提供评分量表和量规 \ 13
 要素2：追踪学生进步情况 \ 16
 要素3：赞扬学生成功 \ 19
 制订教学计划 \ 20
 改革的启示 \ 22

第二章　实施教学评估 \ 26
 要素4：对全班采取非正式评估 \ 26
 要素5：对学生个体采取正式评估 \ 27
 制订教学计划 \ 31
 改革的启示 \ 32

第三章　开展直导教学 \ 34
 要素6：将教学内容分块 \ 34
 要素7：教学内容多样加工 \ 36
 要素8：记录和表征教学内容 \ 38
 制订教学计划 \ 40

改革的启示 \ 41

第四章　积极练习/拓展 \ 43
　　要素 9：运用结构化练习时段 \ 43
　　要素 10：区分异同 \ 46
　　要素 11：检查推理错误 \ 48
　　制订教学计划 \ 51
　　改革的启示 \ 52

第五章　灵活应用知识 \ 55
　　要素 12：鼓励学生参与认知复杂的任务 \ 55
　　要素 13：提供资源与指导 \ 57
　　要素 14：生成与维护主张 \ 59
　　制订教学计划 \ 60
　　改革的启示 \ 61

第六章　善用教学策略 \ 63
　　要素 15：预习 \ 63
　　要素 16：突出关键信息 \ 66
　　要素 17：复习相关内容 \ 67
　　要素 18：完善知识 \ 69
　　要素 19：反思学习 \ 71
　　要素 20：精心布置家庭作业 \ 72
　　要素 21：精细加工知识 \ 73
　　要素 22：组织学生互动 \ 74
　　制订教学计划 \ 77
　　改革的启示 \ 78

第七章　鼓励学生参与 \ 79
　　要素 23：提醒学生注意参与课堂学习 \ 79
　　要素 24：增强学生反应率 \ 81

要素25：利用身体运动 \ 83

要素26：保持有活力的节奏 \ 84

要素27：全情投入教学 \ 85

要素28：呈现不寻常的信息 \ 87

要素29：运用友好论辩 \ 89

要素30：运用学习游戏 \ 90

要素31：提供机会让学生述说 \ 92

要素32：激励和鼓动学生 \ 94

制订教学计划 \ 96

改革的启示 \ 97

第八章　贯彻规则/程序 \ 98

要素33：建立规则与程序 \ 98

要素34：合理安排教室物理布局 \ 101

要素35：审时度势控全局 \ 103

要素36：鼓励遵守规则和程序 \ 105

要素37：制止不遵守规则和程序的行为 \ 106

制订教学计划 \ 108

改革的启示 \ 109

第九章　建立良好关系 \ 110

要素38：运用言语和非言语行为对学生表达喜爱之情 \ 110

要素39：理解学生的背景和兴趣 \ 112

要素40：展现客观公正和自我控制力 \ 114

制订教学计划 \ 116

改革的启示 \ 117

第十章　寄予学习期望 \ 118

要素41：对不愿意学习者也要看到其长处并表示尊重 \ 118

要素42：对不愿意学习者也要深入询问问题 \ 120

要素43：和不愿意学习者一起探查不正确答案 \ 122

制订教学计划 \ 123
　　改革的启示 \ 123

第十一章　作出系统变革 \ 125
　　建议 1：创设确保教师发展的系统 \ 125
　　建议 2：关注单元计划而非课时计划 \ 130
　　建议 3：使用混合教学 \ 134
　　建议 4：确保蕴含认知与元认知技能的可靠又可行的课程 \ 135
　　建议 5：依据课堂测量 \ 140
　　建议 6：改革成绩报告单 \ 142
　　建议 7：调整教学计划，解决教师效能差异 \ 148
　　建议 8：逐渐走向基于能力的系统 \ 150
　　结　论 \ 152

参考文献和学习资源 \ 153
索引 \ 160
译后记 \ 169

前　言

罗伯特·J.马扎诺

《新教学艺术与科学》为各位读者提供了一个促使教学实践发生实质性变化的框架，这是基于我50年教育研究和观察的总结。本书与《教学的艺术与科学》相比较，有其独特性，它侧重于学生的学习结果，而不仅仅是教师必须做什么。正是这个关键的变化使得本书如此不同一般。教师必须影响学生的心理，帮助他们成为成功的学习者。通过确定具体的教学策略，本书说明了教师具体的行为如何对应学生达到最大学习成就所需要的心理状态和过程。在本书中，我详细介绍了教师优化学生学习必须做到的三大类教学要素：(1)学生必须接受反馈，(2)学生必须获得有意义的内容指导，(3)学生必须满足基本的心理需求。

在本书每一章中，我根据《新教学艺术与科学》提出的教学模式中的三大类别，为教学计划变革提供了指导，并强调必须改变现行教育实践，才能落实教学模式中的各个要素。

首先，你将从反馈这一类别中得到很多启示——如何提供清晰的学习目标是有效反馈和评估的关键要素。

其次，你会发现教师可以运用内容这一类别中的各项策略，帮助学生掌握通过教学得以迁移的知识技能。书中探讨了三种不同类型的课时：(1)开展直导教学课，(2)积极练习/拓展课，(3)灵活应用知识课。

最后，你会发现为学习创造有效环境的各种要求，以完备学生学习的准备程度。首先聚焦的是参与，这是心理准备的守门人。之后，你会明白为什么课堂规则/程序让学生感到安全。你将探索如何培育有意义的关系，让学生感到在课堂上是受欢迎的。接下来要做的是需要向所有学生寄予高期望。我还提出了八个系统水平的变革，以提升《新教学艺术与科学》的教学框架，克服整个系统水平上实现幼儿园到12年级（K—12）有效教学存在的障碍。

我希望通过应用《新教学艺术与科学》的框架，你将能够改变K—12教学，将新的重点置于学生的心理状态和过程，而不是教师的行为。

2018年3月8日

Preface

By Robert J. Marzano

The New Art and Science of Teaching offers all readers a framework for substantive change in instructional practice that is based on my fifty years of education research and observation. This book is unique from *The Art and Science of Teaching* because it focuses on student outcomes rather than only on what teachers must do. It is this key change that makes this book so special. Teachers must impact students' minds to help them become successful learners. Through the identification of specific instructional strategies, the book illustrates how specific teacher actions correspond to the mental states and processes that students need to reach their peak academic success. Throughout the book, I detail the elements of three overarching categories of teaching, which define what must happen for teachers to optimize student learning: (1) students must receive feedback, (2) get meaningful content instruction, and (3) have their basic psychological needs met.

In each chapter, I provide guidance for planning changes based on three major categories of *The New Art and Science of Teaching's* model and emphasize what current education practices you must alter to put the elements of this model in place.

First, you will learn about the feedback category—about how providing clear learning objectives is key to effective feedback and about the crucial elements of assessment.

Next, you will find coverage of the content category—strategies teachers can use to help students grasp the information and skills transferred through their instruction. I explore three distinct types of lessons found in the content category: (1) direct instruction lessons, (2) practicing and deepening lessons, and (3) knowledge application lessons.

Lastly, you will discover the components that create an effective context for learning, improving students' readiness to learn. The focus is first on engagement, the gatekeeper to mental readiness. After that, you will understand why classroom rules and procedures make students feel safe. You will explore how fostering meaningful relationships makes students feel welcome in class. The next focus is on the need to convey high expectations for all students. I also present eight system-level changes that promote the *New Art and Science of Teaching* framework and address system-level barriers to effective teaching in grades K - 12.

My hope is that by using *The New Art and Science of Teaching's* framework, you will be able to transform K—12 teaching with a new focus on students' mental states and processes as opposed to teacher actions.

引论:《新教学艺术与科学》编写回顾

《新教学艺术与科学》的历史可以追溯到 20 世纪 80 年代,当时我和同事一起,合作编写了《思维的维度》(Marzano 等,1988)一书,综合了有关有效思维教学的研究和理论。稍后,我又编写了《差异课堂》(Marzano,1992)一书,从课堂管理、参与和评估等更一般的视角来探讨思维教学的策略。这两本书提供了教学研究成果的一种综合,也为《新教学艺术与科学》提供了一种深度的背景。

《新教学艺术与科学》更近的编写回顾可以追溯到 21 世纪之交。我和同事在《有效的课堂教学》(Marzano,Pickering,& Pollock,2001)一书中确定了九种基于研究的教学策略。2003 年,我和同事合作撰写了姊妹篇《有效的课堂管理》(Marzano 等,2003);2006 年,又和同事合作撰写了另一本姊妹篇《有效的课堂评估与评分》(Marzano,2006)。

虽然我对每本书的受欢迎程度和影响力感到满意,但对有些人把这些能增强学生的学习能力的策略解释为"被证明"(proven)的教学策略,感到不快。事实上,在《有效的课堂教学》中列出的九种教学策略,通常被称之为"高产教学策略"。我并不赞同这样的说法。举例来说,一个人只需要在互联网搜索引擎中输入"高产策略"(high-yield strategies),就会产生成千上万的结果。事实上,在 2009 年,我写了一篇文章《直接记录高产策略》(Marzano,2009b),来抵制日益增长的错误观念,即认为研究会产生确保学生学习的教学策略清单。特别是,我注意到,没有一个单一的教学策略可以保证学生学习。这里面的原因有很多。首先,除了应用教学策略以外,还有许多因素影响着学生的学习。其次,教学策略是协同发挥作用的,不是独立的干预变量。第三,教育工作者必须用具体的策略来产生积极的结果。

随后,我创建了一种教学模式(instructional model),将教学策略、教学片断和教学时机节点(the strategies, pieces, and points),用一种相互作用的方式协调统筹在一起。这就是后来编写的《教学的艺术与科学》(Marzano,2007)一书。我选择用"艺术与科学"这一短语来称呼,是想传达一种信息。具体来说,研究和理论不会验证这样一种概念,即教学是用策略加以体现的一套简单的编程动作。更确切地说，教学策略最能比喻为像艺术家一样在多年的实践中逐渐发展和完善起来的技巧。艺术家利用这些技巧创作出既独特、复杂且相当高雅的作品。艺术家越是用技巧表现出精湛的艺术，其创造的作品感人的力量就越强。同样，课堂教师越是能掌握随着研究和理论几十年来发现的各种教学策略，那么，其掌握的技能越多，也就越能创造出优化学生学习的课堂教学。

《新教学艺术和科学》代表了我对有效教学研究现状的认识。这种认识肯定既追溯于过去，同时也昭示着可能的未来。

本模式的研究支撑

历经多年，众多的研究作品都充分支持着《新教学艺术与科学》。我在《新教学艺术与科学的研究基础》一文中对此有很详细完整的介绍（Marzano，2017）。在此我只是简略予以回顾。

叙述性研究和元分析研究

《新教学艺术与科学》最初的来源可以追溯到文献的叙述性综述（Marzano，1992；Marzano 等，1988）。这些文献综述十分广泛。例如，督导与课程开发学会（ASCD）曾经出版了《思维的维度》（Marzano 等，1988）。当时也组织了一个由 28 位成员组成的研究联合体——思维教学协作体（Association Collaborative for Teaching Thinking）。联合体中包括国际阅读协会（现在改为"国际素养协会"）、美国英语教师委员会、美国社会研究委员会、美国科学教师协会、美国数学教师委员会等等组织。实际上，《教学的艺术与科学》写作是基于一些迄今得到最广泛审核的叙述性综述。顾名思义，叙述性综述是以作者为中心的，它们取决于作者将研究和理论组织成逻辑范畴的能力。现存的文献作者的观点会极大地影响着评论。

正当叙事性综述是当时一种通行做法的时候，随着九十年代初兴起的元分析开始得到普及，研究综述成为一种更流行的做法。《科学如何看待股票》，莫顿·亨特（Morton Hunt，1997）描述了用非专业术语的方式来说明元分析的性质和功能。简单地说，元分析方法将调研结果转化为效果量，由此来报告学生学习的增加或减少与特定干预之间的关系。表Ⅰ.1 报告了元分析的结果，主要涉及有关确立教学目标这样一种教学策略的研究效果。

表 I.1 确立教学目标的元分析

综合研究	焦点	效果量数量	平均效果量	百分位增益
Wise & Okey, 1983a	确立目的或者目标的一般效果	3 25	1.37 0.48	41 18
Chidester & Grigsby, 1984b	目标难度	21	0.44	17
Fuchs & Fuchs, 1985b	长期目标与短期目标	96	0.64	24
Tubbs, 1986c	目标难度 目标具体指向 确立目标与反馈 参与制定目标	56 48 3 17	0.82 0.50 0.56 0.002	29 19 21 0
Mento, Steel, & Karren, 1987 b	目标难度	118	0.58	22
Wood, Mento, & Locke, 1987b	目标难度 目标具体指向	72 53	0.58 0.43	22 17
Locke & Latham, 1990c, d	目标难度 目标具体指向	无报告	0.52—0.82 0.42—0.80	20—29 16—29
Wright, 1990b	目标难度	70	0.55	21
Lipsey & Wilson, 1993	确立目的或者目标的一般效果	204	0.55	21
Kluger & DeNisi, 1996	目标难度	37	0.5	19
Utman, 1997	掌握目标和表现目标	43	0.53	20
Donovan & Radosevich, 1998b	目标承诺	21	0.36	14
Klein, Wesson, Hollenbeck, & Alge, 1999	目标承诺	83	0.47	18
Hattie, 1999e	目标与反馈	121	0.46	18

续表

综合研究	焦点	效果量数量	平均效果量	百分位增益
Walberg, 1999	确立目的或者目标的一般效果	21	0.40	16
Burns, 2004b	挑战的程度	45	0.82	29
Gollwitzer & Sheeran, 2006b	有关成就的目标意图	94	0.72	26
Graham & Perin, 2007	目标具体指向	5	0.70	26

a 列出两个效果量是因为其报告本身提供的方式。读者可以检阅原来的研究。

b 请见哈蒂（Hattie, 2009）的报告。

c 塔布斯（Tubbs, 1986），洛克和莱瑟姆（Locke and Latham, 1990）依据组织情境和教育情境得出的报告。

d 请见洛克和莱瑟姆（Locke and Latham, 2002）的报告。

e 请见哈蒂和廷珀利（Hattie and Timperley, 2007）的报告。

来源：Marzano, 2009a, 第5页。

表I.1报告了有关确立目标的18项综合研究的结果（每一行代表一项研究）。第三列列出了每一项研究的效果量。在1993年，马克·利普西和戴维·威尔逊（Mark Lipsey and David Wilson）报告了204个效果量；在2007年，史蒂夫·格雷厄姆和德洛丽丝·佩林（Steve Graham and Dolores Perin）报告了5个效果量。每一个效果量代表了两个组别的比较。具体来说，一个组是运用了确立目标策略，另一组则没有运用确立目标策略。第四栏报告了综合研究的平均效果量，第五栏报告了与平均效果量联系的学业成就预期百分位等级。例如，利普西和威尔逊（Lipsey and Wilson, 1993）报告的效果量0.55，表示学生的百分位等级平均增加到21，报告的效果量0.70表示学生的百分位等级平均增加到26。

表I.1列出的元分析研究在以下著作中也会出现，包括了《教学研究的基于理论之元分析》（Marzano, 1998），《有效的课堂教学》（Marzano等, 2001），《有效的课堂管理》（Marzano等, 2003），《有效的课堂评估与评分》（Marzano, 2006），《教学的艺术与科学》（Marzano, 2007），《设计学习目的与目标》（Marzano, 2009a），《形成性评估与基于标准评分》（Marzano, 2010b）。这些著作作为一个整体大致上列出了在《新教学艺术与科学》中每一个要素的效果量。表Ⅰ.1中涉及的研究超过1000以上的效果量。如果要列出作为《新教学艺术与科学》之基础的全部的效果量，那么，表格最后一栏的总计数字可能要超过10000了。

教师主导设计的研究

自从2007年《教学的艺术与科学》出版以来，马扎诺研究中心实施了相关的研究。具体来说，各个年级和各门学科数百位教师参与了有关课堂教学策略具体应用的研究。一般来说，其做法是教师选择一项他们愿意应用的教学策略并确定相关的教学内容，来分别教两个班级或者两个组别的学生。除了教师运用的教学策略差异之外（即一个组运用了某一策略，另一组没有运用该策略），其他方面的条件两个组是一样的。两个组都运用相同的前测和后测。马扎诺研究中心的研究人员对研究结果进行了分析并且向教师作了反馈。

迄今为止，有500多位教师参与了研究，报告中涉及的效果量有1000以上。读者可以访问马扎诺研究中心的数据库（marzanoresearch.com/research/database），具体考察每一项研究的结果。有一些资料总结了若干总体的研究结果（参见Haystead & Marzano，2009）。研究结果中有一个最有意思的东西是这些研究对教师的相关培训做得很少或者几乎没有做。在大部分情况下，教师要么是简单培训一下（最多半天），要么只是阅读一下相关教学策略的介绍。这样的培训做法代表了一般实际的情况，很多培训都是走过场的。事实上教师主导设计的研究，在短时间内（几天到几周）就有积极的效果量，表明教师能够相对快速地整合自己各种教学策略。

学校范围的研究

学校范围的研究主要考察《教学的艺术与科学》中提出的教学模式对平均学习成绩得分会起到什么样的效果，这种效果是将学校作为一个整体，同教师在具体一个班任教得到平均成绩是不一样的。例如，有一项研究涉及59所学校和1117名教师。其考察了教师在数学与阅读课中运用教学策略与学校在州数学与阅读测验平均分数之间的关系（参见Marzano Research，2010，2011）。其效果量的范围数学是0.53，阅读是0.74。

教师评价研究

《教学的艺术与科学》作为教师评价模式，已经在11个国家推广应用，加拿大有3个省，美国有43个州在使用（Basileo & Marzano, 2016）。实施过程中得到的数据表明了教师运用教学策略以及学生发展之间的关系。学生进步通常是在每年结束时根据州测验得分计算其增值程度。《促成差异发展的教师评价》(Marzano & Toth, 2013) 深度探讨了其增值程度。简单地说，测验增值是计算学生一年中在原有学习基础上的进步幅度。这些研究表明教师运用教学策略总体上是有积极效果的，与州的测验增值有显著相关（参见 Basileo, Toth, & Kennedy, 2015）。更重要的是：这些研究是涉及3个学年（2012—2015），18万教师的观察数据。

《新教学艺术与科学》的主要特点

《新教学艺术与科学》是一本崭新的书，尽管最初的策略本来已经是比较完整了，现在还是得到了大大扩展。《新教学艺术与科学》一个重大变化是，它聚焦学生的学习结果（student-outcomes），而不是只是从教师的视角看问题。例如：《教学的艺术与科学》确定了具体的教师行为，教师可以使用模型的评估量规来确定中每个要素中有效地运用教学策略的程度。虽然这是有用的信息，但《新教学艺术与科学》的重点是学生的学习结果。教学策略的作用是在学习者的头脑中产生一定的心理状态和心理过程，从而提高学生的学习能力，这就产生了意义理解。图Ⅰ.1说明了教与学的进程。

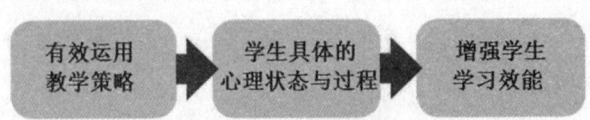

图Ⅰ.1 教与学的进程

从图Ⅰ.1看，学生具体的心理状态和过程是受到了有效运用教学策略以及增强学生学习效能之间的可变调节之影响。如果没有心理状态和过程，那么特定的教学策略将无法发挥作用。就像本书后续章节将讨论的，这样一种情况将改变学区、学校和教师的做法，注意监督合力运用教学策略，提供反馈和分析学生学习进步。表Ⅰ.2描述了在学习者头脑中应该呈现的具体的心理状态和过程。

表 I.2 教师行为与学生心理状态及过程

	教师行为	学生心理状态与过程
反馈	明确学习目标	1. 学生理解所期望的知识掌握要求,同时也了解自己的进步状态。
	实施教学评估	2. 学生了解测验评分评等与所期望的知识掌握要求之间的关系。
内容	开展直导教学	3. 在学习新知识时,学生明白哪些是重点以及各个部分之间如何做到融会贯通。
	积极练习/拓展	4. 在教师示证新知识后,学生要加深理解,熟练掌握技能和操作流程。
	灵活应用知识	5. 在教师示证新知识后,学生要通过知识运用的任务提出主张并为其辩护。
	善用教学策略	6. 学生不断整合新旧知识并据此完善理解。
情境	鼓励学生参与	7. 学生表现出聚精会神、精力充沛、好奇探究和斗志昂扬的特点。
	贯彻规则/程序	8. 学生理解并遵循规则与程序。
	建立良好关系	9. 学生感受到自己是受欢迎的、被接纳的和有价值的。
	寄予学习期望	10. 即使是不愿意学习的学生也能感受到自己的价值,并乐意与教师或同伴交流。

表 I.2 中的心理状态与过程分为三个类别:(1)反馈;(2)内容;(3)情境。反馈(Feedback)是在教师和学生之间建立起信息闭环,帮助学生了解自己学习的情况。内容(Content)是指课时任务的演进,学生从对教学内容的最初理解到实际应用,从而不断加深理解、温故知新。情境(Context)是指满足学生的心理需要,包括积极参与、遵守规则、归属合群和寄予期望等。

教师行为这一栏目要与每个预期的心理状态和过程相一致。例如,学生理解知识以及实际进步大小(表 I.2 第 1 点)是与帮助学生明确学习目标的教学行为有关。学生要理解新内容的哪些部分是重要的,以及各部分如何加以融会贯通,这些与教师开展直导教学的行为有关(表 I.2 第 3 点)。学生表现出聚精会神、焕发精神、好奇探究和斗志昂扬的特点(表 I.2 第 7 点)与教师运用积极鼓励参与的策略有关,等等。

教师的行为和学生的心理状态与过程将很好地转化成一系列帮助教师开展单元和课时计划的问题。在《新教学艺术与科学》中,这些问题就被称之为"设计问题"。表 I.3 就是相关设计问题的简要说明。

表 I.3 设计问题

	设计领域	设计问题
反馈	明确学习目标	1. 我是否能清晰交代学习目标,帮助学生了解所期望的要求和自己的进步状态?
	实施教学评估	2. 我如何设计与实施评估,帮助学生了解测验评分评等与所期望的知识掌握要求的关系?
内容	开展直导教学	3. 在学习新知识时,我如何设计与实施直导教学课,帮助学生明白哪些是重点以及各个部分之间如何融会贯通?
	积极练习/拓展	4. 在示证新知识后,我如何设计与实施教学,帮助学生加深理解并熟练掌握技能和操作流程?
	灵活应用知识	5. 在示证新知识后,我如何设计与实施教学,帮助学生通过知识运用的任务提出主张并为其辩护?
	善用教学策略	6. 在各种教学的课型中,我如何运用策略帮助学生不断整合新旧知识并据此完善理解?
情境	鼓励学生参与	7. 我如何运用参与策略帮助学生聚精会神、焕发精神、好奇探究和斗志昂扬?
	贯彻规则/程序	8. 我如何运用策略帮助学生理解并遵循规则和程序?
	建立良好关系	9. 我如何运用策略让学生感受到自己是受欢迎的、被接纳的和有价值的?
	寄予学习期望	10. 我如何运用策略帮助那些不愿意学习的学生,使他们也能感受到自己是有价值的,并乐意与教师或同伴交流?

这十个设计问题和三个类别的一般框架为单元设计和课时设计提供了一个路线图。这些设计问题不仅指向具体的教学策略,而且还确保注重学生的学习结果。此外,该框架有助于组织一系列广泛的教学策略,形成一个策略运用的网络。具体请参见表 I.4。

表Ⅰ.4描述了43种教学策略(后文一般称之为"要素")。这些教学策略镶嵌在三个一般范畴内,具体体现为十个设计领域。本章开头简要提到了多种多样来源的策略(Marzano,1992,2006,2007,2010;Marzano等,1988;Marzano等,2001;Marzano等,2003)。此外,每个要素都涉及多种教学策略。例如,"鼓励学生参与"领域中的第24个要素——增强学生反应率,就同以下九种教学策略有关,即有九种不同的途径:(1)随机点名(Random names);(2)手势信号(Hand signals);(3)答题卡(Response cards);(4)响应链(Response chaining);(5)配对反应(Paired response);(6)协同响应(Choral response);(7)等待时间(Wait time);(8)精细质疑(Elaborative interrogation);(9)多种题型(Multiple types of questions)。

总之,《新教学艺术与科学》涉及43个要素和330种具体的教学策略。

表Ⅰ.4 十个设计问题中包括的要素

反　馈	内　容	情　境
明确学习目标	开展直导教学	鼓励学生参与
1. 提供评分量表和量规	6. 将教学内容分块	23. 提醒学生注意参与课堂学习
2. 追踪学生进步情况	7. 教学内容多样加工	
3. 赞扬学生成功	8. 记录和表征教学内容	24. 增强学生反应率
实施教学评估	积极练习/拓展	25. 利用身体运动
4. 对全班采取非正式评估	9. 运用结构化练习时段	26. 保持有活力的节奏
5. 对学生个体采取正式评估	10. 区分异同	27. 全情投入教学
	11. 检查推理错误	28. 呈现不寻常的信息
	灵活应用知识	29. 运用友好论辩
	12. 鼓励学生参与认知复杂的任务	30. 运用学习游戏
	13. 提供资源与指导	31. 提供机会让学生述说
	14. 生成与维护主张	32. 激励和鼓动学生
	善用教学策略	贯彻规则/程序
	15. 预习	33. 建立规则与程序
	16. 突出关键信息	34. 合理安排教室物理布局
		35. 审时度势控全局

续表

反　馈	内　容	情　境
	17. 复习相关内容	36. 鼓励遵守规则和程序
	18. 完善知识	37. 制止不遵守规则和程序的行为
	19. 反思学习	建立良好关系
	20. 精心布置家庭作业	38. 运用言语和非言语行为对学生表达喜爱之情
	21. 精细加工知识	39. 理解学生的背景和兴趣
	22. 组织学生互动	40. 展示客观公正和自我控制力
		寄予学习期望
		41. 对不愿意学习者也要看到其长处并表示尊重
		42. 对不愿意学习者也要深入询问问题
		43. 和不愿意学习者一起探查不正确答案

新旧版本的差异

《新教学艺术与科学》与旧版框架有许多相似之处，尽管它发生了一些重要变化。例如，原始框架和修订框架都有三个主要类别。最初的三个主要课程类别是（1）教学规则，（2）教学内容，（3）教学现场。正如他们的名字所暗示的那样，课堂教学涉及有系统的教学规则、教学内容和教学现场处理智慧。这三个类别是从教师的角度出发的。《新教学艺术与科学》的三个主要范畴是从学生头脑中开展有效学习必须发生的事情这一角度出发的。具体来说是：（1）必须接受反馈，（2）必须接受引发具体类型思维的教学内容指导，（3）必须有一个满足基本需求的心理环境。

《教学的艺术与科学》中有设计的问题，《新教学艺术与科学》中也是如此。

事实上，《新教学艺术与科学》中有八个设计问题与原来基本相同，但有两个设计问题原来是没有的：一是评估（设计问题2：我将如何设计与实施评估，帮助学生了解测验评分评等与所期望的知识掌握要求的关系）；二是如何不断加深理解（设计问题6：在各种教学的课型中，我如何运用策略帮助学生不断整合新旧知识并据此完善理解）。

两个版本都对教学策略作出了分类，称之为"要素"。旧版本有41个要素，新版本有43个要素。在新版本的43个要素中，有39个与旧版本相同，有4个要素原来是没有的（新旧要素的详细对比，请访问 go.SolutionTree.com/instruction，浏览 Compendium Crosswalk 部分内容）。

最后，《教学的艺术与科学》和《新教学艺术与科学》都为每个要素确定了具体的教学策略。正如前面提到的，新版和原版相比，教学策略有所增加。特别值得一提的是，《成为反思型教师》（Marzano，2012）一书，是在《教学的艺术与科学》基础上写作的，确定了280个策略；《新教学艺术与科学》确定了330种具体的策略。

面向教学改革的一个框架

然而，《新教学艺术与科学》远不止是原版的简单更新。相反，它是面向教学发生深刻变革的一个框架。事实上，我们甚至认为这是一个宣言。

一份宣言的核心是书面陈述有关个人或群体的政策和目标。《新教学艺术与科学》描述了教师个体水平、学校水平和学区层面上的变革，我认为这是20世纪60年代以来教育研究的结晶，也是我对教师、学校和学区的观察所证实的。这样，每章都有一节题为"改革的启示"，说明教师必须对现有的实践作出哪些方面的改革。此外，每一章都包含一节关于教师应该考虑的计划问题。

第一章和第二章论述了"反馈"这一类别中涉及的要素。第一章考察如何明确学习目标，第二章考察如何实施教学评估。

第三章至第六章涉及"内容"这一类别的各个要素。第三章讨论实施直导教学课。第四章考察练习与加深理解拓展学习课。第五章讨论如何上好灵活运用知识的课。第六章介绍了教师在以上三种课堂教学中应采取的教学策略。

第七章至第十章论述了"情境"这一类别的各个要素。第七章聚焦鼓励学生参与。第八章考察贯彻规则/程序。第九章关注建立良好关系的策略。第十章侧重于寄予学习期望，重点是那些学习积极性不高、学习兴趣不强的学生。

本书最后一章回答宏观水平上的教学改革问题。具体来说，提出了八条系统化改革的建议，这些建议是从《新教学艺术与科学》这一框架中合理引申出来的。

第一章　明确学习目标

有效的反馈始于明确界定和清晰沟通的学习目标。

> 明确学习目标的理想状态和过程是：学生理解期望他们所掌握的知识的进程以及自己在这一进程中的位置。

学生了解这些目标和进程的重要性不言而喻。如果他们知道自己在一堂课或一个单元中将要学习什么，就能更好地确定自己做得如何以及哪些方面有待提高。

注意，这个设计领域澄清了一些存在许多误解和不同观点的概念。特别是像"掌握量表"（proficiency scale）、"量规"（rubric）、"学习目标"（learning goal）、"学习具体目标"（learning objective）、"学习标的"（learning target）、"行为目标"（behavioral objective）以及类似拥有不同含义的一些术语。有关这些术语的历史考察，可以参见马扎诺和肯德尔的著作（Marzano and John S. Kendall，2007，2008）。我建议各学区和学校自行规定这些术语。只要学校内部以一致的方式使用这些术语，彼此之间就会建立良好的沟通基础。

下面的要素对于提供清晰的目标来说非常重要。

要素1：提供评分量表和量规

如果学生想要了解自己已经达到所预期的知识掌握等级，那么提供评分量表和量规就是必需的。"量表"（scales）和"量规"（rubrics）两个词经常互换使用，但是彼此之间存在很大的区别。量规往往用于一项特定任务。例如，教师可能设计一份量规以具体的书面提示来检测学生的表现，如"描述你最喜爱的动物以及这种动物有什么特别之处"。而量表更加普遍，用来描述在知识或技能掌握过程中的进展。例如，量表可以清楚描述理解浮力的概念涉及哪些方面的知识学习进展，或者描述学生掌握将分数转化为小数的能力需要知道哪些东西。尽管运用量规在课堂教学中有一定的长处，但是《新教学艺术与科学》主要关注掌握运用量表，尤其是针对掌握学习内容而言更是如此。图1.1提供了一个量表的样例。

4.0	学生能提供相关的充足证据，通过确认和驳回反诉来证明自己的主张（例如，就自由言论的重要性提出观点，找出证据证明该观点和反诉，并提出驳回反诉的实际论据）
3.5	除了达到3.0分的各项要求外，学生能部分达到4.0分内容的要求。
3.0	学生能： ◇3.1——生成主张并将其与反诉主张区别开来（例如，生成一个有关学校将把手机作为教育工具的主张，且生成一个与主张相反立场的反诉主张，并说明为什么人们会支持其中某个立场。） ◇3.2——用相关的充足证据以及逻辑推理来支撑自己的主张（例如，使用课本中的证据来证明沃尔特·怀特曼（Walt Whitman）在《啊，船长！我的船长！》中使用对比声调的目的这一主张。）
2.5	学生在2.0分要求的内容上没有大的错误和纰漏，能部分掌握3.0分所要求的内容。
2.0	学生能： ◇2.1——识别和回忆特定词汇（例如，证据、主张、反诉、理由和限制条件）并执行如下的基本过程。 ◇描述一个主张的限制条件（例如，应该具体并且是可用证据证明的观点）。 ◇描述一个主张中理由、论据和限制条件的作用。 ◇结合细节，提出一个更具体的一般性主张。 ◇以相同的论据比较两种对立的主张。 ◇2.2——识别和回忆特定的词汇（例如，推理合乎逻辑、有针对性和论据充足）并执行基本过程，例如： ◇描述可证明主张的不同类型的证据。 ◇诠释可作为证据证明主张的笔记和文本。 ◇解释为什么有相关且充足的证据如此重要。 ◇解释一项证据是如何证明一个主张的。
1.5	学生能部分掌握2.0分所要求的内容，在3.0分要求的内容上出现了大的错误和纰漏。
1.0	在别人帮助下，学生能部分掌握2.0分和3.0分所要求的内容。

0.5	在别人帮助下，学生能部分掌握 2.0 分所要求的内容，但是无法掌握 3.0 分要求的内容。
0.0	即使在别人帮助下，学生也一无所获。

图 1.1　八年级形成主张、论据和推理的样例量表

图 1.1 是八年级一个以形成主张、论据和推理为主题的量表。尽管存在许多量表和量规的创建方式，但是我比较推荐图 1.1 的格式。它有 5 个能力等级，从 0.0 分到 4.0 分以及一些半点分数。然而，只有 2.0 分、3.0 分、4.0 分这三个等级有明确内容。3.0 分是学生预期要达到的能力水平。2.0 分所要求的内容是 3.0 分内容的基础。4.0 分包括超出 3.0 分所要求内容的一些推断和运用。1.0 分表示在别人帮助下能部分掌握一些内容。0.0 分表示即使在别人帮助下也一无所获。另外一些半点分数显示了达到每一分过程中必经的部分达标状况。（有关掌握量表更详细的讨论，请参见 Marzano，2006，2009a，2010b）

使用量表要想有效和有效率，应注意一些具体的策略。表 1.1 对此进行了简要说明。

表 1.1　提供量表和量规的策略

策　略	描　述
明确阐述学习目标	教师澄清学习目标，即告诉学生在一单元或一组课时结束时他们将知道什么，或能做什么。
为学习目标创建量表或量规	将学习目标嵌入掌握量表（也称为表现量表）会更加有用。教师阐明 3.0 分的学习目标，2.0 分为更简单的学习目标，4.0 分为更复杂的学习目标。
履行使用目标和量表的常规	教师使用常规来鼓励学生注意学习目标和掌握量表。常规可比较简单，如在每节课开始时复习量表或者学习目标；也可更复杂，如让学生解释目标或量表的组成。
采用教师创建的目标和量表	以嵌入学习目标来设计量表之后，教师使用这些量表作为教学的基础。例如，在关注特定量表的一组课时开始之初，教师可能在每个 2.0 分的目标上花费一到两个课时。

续表

策　略	描　述
创建学生友好型量表	教师让学生将量表转化为学生容易理解的语言。教师向学生解释或简单或复杂的学习目标之后，学生通过小组合作来创建自己易懂易用的2.0、3.0、4.0分的学习目标。
确定学生个体的学习目标	教师要求学生确定一个有利于他们自己的个人学习目标，并且要与教师确定的目标达成一致。学生记下他们个人的学习目标。

来源：改编自 Marzano Research，2016ee。

表1.1中的一些策略关注如何编制"掌握量表"。例如，"明确阐述学习目标"这一策略解决的是掌握量表的内部结构问题。本质上，掌握量表是学习目标（也成为学习目的）的一个连续体（参见"学习目标"）。

使用掌握量表的其他策略还同教学目标有关。例如，我们要注意"履行使用目标和量表的常规"这一策略。常规是指每天要提示学习目标，并说明学习目标在哪些方面与掌握量表的内容相匹配。一名教师可能会在墙上贴上特定单元的掌握量表。在上一节课之前，先要回过来参考这一量表，并指出本节课将聚焦于该量表的哪一个具体部分。把聚焦的部分称为"今天的学习目标"。然后让学生以"我能……"的形式复述该学习目标。

还有一些策略是为了帮助学生能更容易理解掌握量表。例如，"创建学生友好型量表"这一策略，通过将学生小组或全班作为一个整体来改写2.0分、3.0分和4.0分的具体描述，从而将量表转化为学生易懂易用的语言。

如果以上策略实施达到了预期效果，那么教师将在学生身上观察到如下一些行为表现：

◇学生能用自己的话解释掌握量表。
◇学生能解释本节课要达到什么样的学习目标。
◇学生能描述当前的课堂活动与目标是如何相关联的。
◇学生能解释量表中的教学内容是如何循序渐进的。

要素2：追踪学生进步情况

有了掌握量表，教师可以帮助每个学生清楚地了解他们各自关于某个主题的起始水平，以及目前所在的位置。这是掌握量表最强大的用途之一，它使学生随着知识的连续增长而看到自己的进步。为了证明这一点，请参照图 1.2。

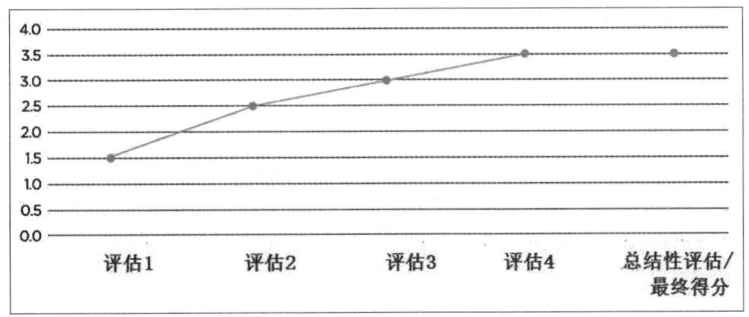

图 1.2 对同一主题的 5 次评估中学生的进步情况

图 1.2 描述了一名学生在一个主题上通过掌握量表评估的学业进步情况。学生起始评估分数是 1.5 分，经 5 次评估之后上升到 3.5 分。让学生直观地看到自己在某一主题上的进步，实质上是为了激励学生，因为人们往往在得知自己取得进步时会有更积极的回应（Hattie & Timperley, 2007）。

表 1.2 中的某些策略涉及区分从同一掌握量表生成的分数的不同用途。例如，使用形成性分数策略和生成总结性策略。当使用掌握量表时，这些术语具有明确的含义。特别是，教师进行评估的时间而非评估的形式，决定了其分数是形成性还是总结性。例如，回到图 1.2 再进一步讨论一下。图中前四个分数是形成性的。它们为计算最后的分数——总结性分数提供了证据。事实上，教师可以不需要利用某个特定总结性评估来确定总结性分数（更详细的讨论，参见 Marzano, 2006, 2010b）。

表 1.2 与要素 2 相关的策略和活动列表

策　略	描　述
采用形成性分数	在整个教学单元中使用形成性分数可以帮助教师和学生监测进度并在必要时进行调整。
设计能生成形成性分数的评估	设计能为特定掌握量表生成形成性分数的评估，教师开发与量表中 2.0，3.0，4.0 分水平直接对应的题目或任务。

续表

策略	描述
采用个体分数水平的评估	教师使用评估时，只评价量表中一个等级（如，仅仅 2.0 分的内容）以衡量学生的知识水平，或者允许学生按照量表的等级以自己的步调前进。
采用不同类型的评估	为了随时收集有关某一特定掌握量表的形成性分数，教师可使用突击评估（中断课堂活动的进行）、非突击性评估（不中断课堂活动）或者是学生评估。
生成总结性分数	针对某特定掌握量表，教师利用不同方法来生成总结性分数。方法包括利用形成性分数来确定总结性分数，设计具体的评估以得出总结性分数。形成性分数可随时监测学生进展，而总结性分数表明了在特定时间间隔（如，一个评分周期）结束时学生个体的状态。
绘制学生进展图	学生在一个单元或者评分周期开始时设立一个关于特定量表的目标，然后根据量表记录自己的分数。在单元或者评分周期结束时，教师按照量表给学生一个最终的、总结性的分数。
绘制班级进展图	教师通过显示有多少百分比的学生处在特定量表的熟练水平（3.0 分）或者之上，记录整个班级的进步。

来源：改编自 Marzano Research, 2016ll。

某些策略拓宽了评估的范围。例如，采用不同类型的评估这一策略。它描述了三种常见评估类型：(1) 突击评估；(2) 非突击评估；(3) 学生评估。顾名思义，"突击评估"（obtrusive assessments）中断了教学进程，停止教学而开始评估。通常，突击评估实际上是纸笔测验。课堂上教师几乎完全使用突击评估。"非突击评估"（unobtrusive assessments）不中断教学进程，通常是采用观察学生学习的方式进行。"学生自主评估"（student-generated assessments）是最独特且具有巨大潜力的评估形式，因为学生可以自己决定如何表现出对特定主题的熟练程度。学生评估有助于培养学生自主能力（agency），因为其为被评估者提供了一些决策权。

如果以上策略实施达到了预期效果，那么教师将在学生身上观察到如下一些行为表现：
◇学生能描述自己如何在特定的掌握量表中取得进步。
◇学生定期更新自己在掌握量表中所处的位置。
◇学生能描述要达到下一水平的成绩，自己需要做什么。

要素 3：赞扬学生成功

提供评分量表和量规（要素 1）和根据量表追踪学生进步情况（要素 2）允许我们赞扬两种成功：状态和进步。"状态"（status）是指在特定时间学生的得分。"进步"（growth）指的是针对一个主题，学生的当前得分和最初得分之间的差距。当学生的分数随时间推移而上升时，他就进步了。

表 1.3 列出了这一要素的相关策略。

表 1.3 赞扬学生成功

策　略	描　述
赞扬状态	教师可在任何时间及时赞扬每个学生的状态，包括一个单元结束时。
赞扬知识获得	赞扬知识获得，即为达到一个学习目标，学生最后的得分和最初相比所得到的提高。要做到这些，教师应认识到每个学生在一个单元课程中所取得的进步。
口头反馈	教师具体说明某个学生在某项任务上做得很好，来强调每个学生的努力和进步。

来源：改编自 Marzano Research, 2016d。

表 1.3 中前两个策略提出了较为正式的认可学生状态和进步的方式。教师可能会有另外一些表示赞扬的方式：比如每次学生在掌握量表中达到 3.0 分时响一次铃；在一单元结束时，教师表扬所有分数比原来提高了 1.5 分及以上的学生。而这些学生可能仅仅是站起来接受同学们的一阵掌声。口头反馈包括个人或公众对学生的评论。掌握量表的结构允许对学生状态和进步进行多重赞扬。

如果以上策略实施达到了预期效果，那么教师将在学生身上观察到如下一些行为表现：

◇学生对自己在课堂上的成就感到自豪。
◇学生争取在掌握量表上取得更高分。
◇学生说喜欢被赞扬。

制订教学计划

关于明确阐述学习目标的设计问题是：教师将如何明确学习目标，帮助学生了解他们在知识掌握方面应取得的进步以及他们在这一进程中所处的位置？有关该设计领域的三个要素就这一整体设计问题提供了具体的指导。教师可以轻松地将这些要素转化为更集中的教学计划问题。

要素1：如何设计量表或量规？
要素2：如何追踪学生的学业进展？
要素3：如何赞扬学生所取得的进步？

对于给定单元来说，教师应仔细考虑并选择必要的内容。这在标准时代不是一件容易的事情。教师按照特定的标准来规划教学是常见的做法。例如，四年级的科学老师可以围绕以下科学标准规划一个教学单元：

进行观察或测量，以提供风化影响的证据，以及水、冰、风或植被侵蚀的速度（Achieve，2013，第35页）。

这种单一的标准包含广泛的内容。实际上，以下内容都隐含在这个单一的标准中（Marzano & Simms，2014，第108页）。

◇学生将能够进行观察。
◇学生将能够进行测量。
◇学生将理解什么是证据，并能提供证据。
◇学生将理解什么是风化，并能认识到风化的影响。
◇学生将理解什么是侵蚀，并能识别侵蚀。
◇学生将了解水、冰和风如何影响侵蚀。
◇学生将了解植被如何影响侵蚀。

与这个设计领域相关的是，教师的第一项任务就是解读标准，确定什么知识是最基础的，并将内容组织成掌握量表。该标准的掌握量表如图1.3所示。

4.0	学生将能研究风化和侵蚀的原因，并提出解决的方案（例如，调查当地流域的侵蚀速度，确定人类活动如何影响这一速度，并实施减少人类活动影响的方案，比如在河岸种植植被或者保持该区域指定的路线）。
3.5	除了达到3.0分的各项要求外，学生能部分达到4.0分内容的要求。
3.0	学生将能确定引起风化和侵蚀的因素（例如，解释水、冰、风和植被造成的风化和侵蚀是如何引起的，并确定增加风蚀和侵蚀速率的因素）。
2.5	学生在2.0分要求的内容上没有大的错误和纰漏，能部分掌握3.0分所要求的内容。
2.0	学生将会识别或记起特定的词汇（例如侵蚀、沉积物、水、风化和风），并执行基本过程，如： ◇解释风化和侵蚀之间的差异（风化将岩石和矿物质分解成更小的碎片，而侵蚀将较小的碎片从一个地方移动到另一个地方）。 ◇确定风化的原因（例如降雨量、冰、风、酸雨、水和植被）。 ◇确定侵蚀的原因（例如风、水、重力、雪和冰）。 ◇比较时间对风化和侵蚀的影响（例如，每天去观察河流，河流似乎不会造成侵蚀，但它可在较长的一段时间劈出峡谷）。 ◇说明侵蚀如何导致风化沉积物的沉积。
1.5	学生能部分掌握2.0所要求的内容，在3.0分要求的内容上会有大的错误和纰漏。
1.0	在别人帮助下，学生能部分掌握2.0和3.0分所要求的内容。
0.5	在别人帮助下，学生能部分掌握2.0分所要求的内容，但是无法掌握3.0分要求的内容。
0.0	即使在别人帮助下，学生也一无所获。

图1.3 四年级的风化和侵蚀量表

有了量表，接下来就是要追踪学生学业进展。如图1.2所示，学生开始时的成绩为1.5分，表示能部分掌握2.0分所要求的内容。在单元结束时，学生达到3.5分，表示已经掌握2.0，3.0的内容，能部分掌握4.0分的内容。学生在掌握量表上取得了两个完整点的分数。

改革的启示

《新教学艺术与科学》是一个用于变革的框架。事实上，十个设计领域中的每一个都具有实质性变革的含义。提供和阐释明确的学习目标和目的意味着教师看待学习内容方式的变革。一个普遍的看法是，课堂内容直接等同于标准。教师从国家或学区得到标准，这些标准就代表教学内容。不幸的是，这样一个过程几乎是不可能实施的。历史观点证明了这一论断。

现代标准运动始于 1989 年在弗吉尼亚州夏洛茨维尔举行的第一届教育峰会，并不断发展（有关讨论，参见 Marzano & Kendall, 1996）。每个国家现在都有自己的一套标准，其中各州共同核心标准（CCSS）对英语语言艺术［美国州长协会最佳实践中心和美国首席学校校长理事会（NGA & CCSSO），2010a］和数学（NGA & CCSSO, 2010b）和 "新一代科学教育标准"（NGSS Lead State, 2013）在某些程度上有或多或少的影响。

经过几十年的发展，人们可能会认为，每个学科领域的标准都高度精确且聚焦。然而，事实并非如此。比如说，21 世纪初，研究人员估计，大概需要15 500个小时来教授为基础教育阶段学生确定的所有标准，但实际可以使用的时间只有大约 9000 个小时（见 Marzano, 2007；Marzano & Kendall, 1996）。事实上，在现有的时间内不可能教完标准所要求的内容。

标准所要求的内容量与可用教学时间之间不对等，这种趋势仍然持续。例如，马扎诺等人（Marzano, David C. Yanoski, Jan K. Hoegh and Simms, 2013）在 CCSS 中为八年级英语语言艺术课确定了 73 个标准。如前面一节所示，这些标准中的每一项都包含一些独特的主题。假设平均每个标准有 5 个主题，则八年级教师预计要处理 365 个英语语言艺术主题；显然，在一个 180 天的学年范围内，这是不可能完成的任务。

掌握量表为这个问题提供了一个解决方案。个别教师可以主动解读下一个单元要解决的标准，并创建一个或多个专注于重点内容的掌握量表。然而，这样一个任务在学区层面能更好地解决。也就是说，与教师合作的学区课程专家应该为每个年级的每个学科创建掌握量表。塔米·赫夫尔鲍尔等人（Tammy Heflebower, Hoegh and Phil Warrick, 2014）阐述了一个学区如何做到这一点的具体步骤。此外，马扎诺研究室和朱丽亚·西姆斯（Marzano Research, Julia Simms, 2016）领导了一个团队，为英语语言艺术、数学和科学确定重要主题［简称测量主题（measurement topics）］。图1.4列出了八年级英语语言艺术的主题。

测　　量	主　　题
分析文本组织和结构	生成主张、证据和推理
分析想法和主题	生成叙述
分析主张、证据和推理	寻找来源并研究
分析叙述	确定受众的目的和任务
分析观点和目的	修订
比较文本	使用词性
分析语言	编辑
生成文本组织和结构	

来源：改编自Simms，2016。

图1.4　八年级英语语言艺术主题

针对每个测量主题，本研究团队开发了一些掌握量表，学区和学校能通过对其添加、更改或删除文本而自行定义。为进一步说明，图1.5报告了针对"生成主张、证据和推理"（GCER）主题的掌握量表。

4.0	学生能提供相关且充足的证据，通过确认和驳回反诉来证明自己的主张（例如，就自由言论的重要性提出观点，找出证据证明该观点和它的反诉，并提出证实反诉的论据）。
3.5	除了达到3.0分的各项要求外，学生能部分达到4.0分内容的要求。
3.0	学生将会： ◇GCER1——生成主张并将它们与其反诉主张区别开来（例如，生成一个有关学校中将手机作为教育工具使用的主张，同时生成一个立场相反的反诉主张，并说明为什么人们会支持其中某个立场）。 ◇GCER2——用相关且充足的证据以及逻辑推理来支撑自己的主张（例如，使用课本中的证据来证明沃尔特·怀特曼（Walt Whitman）在"啊，船长！我的船长！"中使用对比声调的目的这一主张）。

2.5	学生在2.0分要求的内容上没有大的错误和纰漏,能部分掌握3.0分所要求的内容。
2.0	学生将会: GCER1——识别或记起特定的词汇(例如,证明、主张、反诉、证据、事实、常规、理由、观点、提示、限制条件和特性),并执行以下基本过程: ◇描述主张的特质(例如,它应该是具体的并用证据证明的观点)。 ◇描述理由、论据和限制条件在一个主张中的作用。 ◇说出人们可能对一个特定主题做出的两种主张。 ◇说明两种对立主张各自的理由。 ◇通过整合细节,提出更具体的一般性主张。 ◇通过删除细节,使具体的主张更一般化。 ◇用同一论据比较两种对立主张。 GCER2——识别或记起特定的词汇(例如:主张、证据、逻辑、推理、相关和充分),并执行以下基本过程: ◇描述可证明主张的不同类型的证据。 ◇诠释可作为证据证明主张的笔记和文本。 ◇查找具体的证据,并将其添加到概述中。 ◇解释为什么有相关且充足的证据如此重要。 ◇用协调的颜色注明段落的主张和与之匹配的论据。 ◇解释一项证据是如何证明一个主张的。 ◇利用证据确定一个主张的基础构成和限制条件。
1.5	学生能部分掌握2.0分所要求的内容,在3.0分要求的内容上会有大的错误和纰漏。
1.0	在别人帮助下,学生能部分掌握2.0分和3.0分所要求的内容。
0.5	在别人帮助下,学生能部分掌握2.0分所要求的内容,但是无法掌握3.0分要求的内容。
0.0	即使在别人帮助下,学生也一无所获。

图1.5 八年级生成主张、证据和推理的关键概念量表

总计已经为基础教育阶段的数学、英语语言艺术和科学创建了大约500个类似图1.5的掌握量表。这是教师在可用的教学时间内可完成教学任务的数量。如

果学区人员想创建属于自己的量表，应先解读国家标准，并确定好每个年级段每个内容领域教学和评估的小部分（15—25个）主题。这个相当简单的工作却解决了我认为最严重困扰基础教育阶段的问题之一：即，面对一门臃冗繁琐的课程，教师不可能教好，因此学生也难以有效地学习。

第二章　实施教学评估

评估的核心是建立起针对学生和教师的反馈机制。评估应该向学生提供如何提高他们对内容理解的信息，并向教师提供如何帮助学生实现理解的信息。

> 对于评估，学生预期的心理状态和过程是：要想了解测验评分和评等如何与期望他们掌握的知识的进展情况相关。

为了使学生达到这种状态，评估成绩和他们在掌握量表上的进步之间必须存在一种明了的关系。以下要素对有效评估来说非常重要。

要素 4：对全班采取非正式评估

全班的非正式评估，为整个班级在特定掌握量表所描述知识的进展情况方面提供了一个晴雨表。全班非正式评估通常不涉及学生的个人成绩。与该要素相关的具体策略见表 2.1。

表 2.1　对全班采取非正式评估

策　略	描　述
信心评级法	教师要求学生通过手势（拇指向上、向侧面或向下）或技术手段（如遥控器或手机）来评估自己对某个主题理解的自信程度。
投票法	教师要求学生对特定问题或提示的答案进行投票。
答题板	教师让学生在一个可擦除的答题板或答题卡上写下对某一问题或提示的答案。
不记录评估	教师进行测试并立马让学生自己对测试评分。教师将这些分数作为反馈，但是并不记录下来。

来源：改编自 Marzano Research，2016s。

表 2.1 中的策略为教师进行非正式评估提供了广泛的选择。教师可快速进行投票法，并且多次重复。例如，教师使用 PowerPoint 幻灯片向学生提出关于某掌

握量表2.0分内容上的一系列多项选择题。然后学生使用投票设备（如遥控器）来表示答案。教师记录选择正确答案的学生人数，但不记录学生的个人成绩。然而，老师会告知选择正确答案学生的百分比，并将该百分比作为衡量整个班级在2.0分内容上掌握程度的晴雨表。答题板类似于投票法，但提供了更多的信息。通过这种方法，学生将答案记录在可擦除板上。答题板体积很小，学生可以单独携带。学生可在板上写下简短的答案框架。在教师指引下，学生举起答题板，这时只有教师能看见板上的内容。教师快速检查学生的答案，并报告全班知道正确答案人数的百分比。

如果以上策略实施达到了预期效果，那么教师将在学生身上观察到如下一些行为表现：

◇学生很容易参与整个班级的评估活动。
◇学生可将全班作为一个整体来描述其当前状况和进步大小。
◇学生表现出对整个班级的进步感兴趣。
◇学生为全班成绩提高而高兴。

要素5：对学生个体采取正式评估

对学生个体进行正式评估，可提供他们关于某一主题在特定时间掌握状态的准确信息。为了获得这些信息，教师根据一单元或一组相关课时的掌握量表设计评估。实际上，掌握量表是所有评估的基础。一个具体的评估可能关注掌握量表的所有内容水平（2.0，3.0，4.0分的内容），或者只关注掌握量表的某一水平（如2.0分内容）。

针对这一要素，教师可能用到的各种策略见表2.2。

表2.2　对学生个体采取正式评估

策　略	描　述
使用掌握量表设计共同评估	负责教授同一水平相同内容的教师协作设计共同评估，以用来提供学生在某些主题上的形成性反馈和总结性反馈。学生可以用掌握量表来表现相关主题是否掌握。
使用选择题或简答题评估	教师采用选择题和简答题来编制传统评估卷并用其评分。

续表

策略	描述
学生演示	教师要求学生进行演示来表明其对主题的理解。教师通常检查学生的演示技能、策略和过程来评估。
学生面谈	教师与学生个体就特定主题进行对话，然后每个学生打分，描述其对该主题的了解程度。
观察学生	教师观察学生与内容的互动情况，然后打分，描述他们对于所观察的具体主题的知识或技能的水平。
学生生成评估	教师请学生设计出不同方法以表现对特定主题的掌握水平。
回答模式	教师不是具体打分数，而是确认学生是否达到2.0、3.0和4.0分的要求，以给出一个总体评估分。

来源：改编自 Marzano Research, 2016o。

该要素中的许多策略代表了评估学生的不同方法。例如，共同评估是协作小组围绕特定掌握量表来实施的（参见 Marzano, Heflebower, Hoegh, Warrick, & Grift, 2016）。为了说明这一方法，假设一个由三位教师组成的协作小组正在设计一个共同评估。教师首先开始创建一个如图2.1所示的掌握量表。

4.0	学生能够将三角形的角度和与其他多边形的角度和进行比较。
3.5	除了达到3.0分的各项要求外，学生能部分达到4.0分内容的要求。
3.0	学生能够使用证据简略地解释三角形角角之间的关系，包括三角形内角和的关系以及角角相似的关系。
2.5	学生在2.0分要求的内容上没有大的错误和纰漏，能部分掌握3.0分所要求的内容。
2.0	学生将能够识别和回忆一些基本词汇术语，诸如内角、外角、角度和、对应角、全等和相似。 学生能识别和回忆一些基本事实，诸如：三角形的内角和等于180度，以及当两个三角形的两个对应角相等时，这两个三角形相似。
1.5	学生能部分掌握2.0分所要求的内容，在3.0要求的内容上会有大的错误和纰漏。

1.0	在别人帮助下，学生能部分掌握 2.0 分和 3.0 分所要求的内容。
0.5	在别人帮助下，学生能部分掌握 2.0 分所要求的内容，但是无法掌握 3.0 分要求的内容。
0.0	即使在别人帮助下，学生也一无所获。

来源：Marzano Research, 2016。

图 2.1 共同评估的掌握量表

当设计一个共同评估时，创建掌握量表往往是首要步骤。如第一章所述，如果学区已经为每个学科领域和年级创建了掌握量表，那么协作小组的这项工作已经完成了。

接下来的一步就是设计一份针对量表上 2.0，3.0，4.0 分内容的评估。这样的评估见图 2.2。

图 2.2 中的评估包括第一部分 2.0 分内容的题目和任务、第二部分 3.0 分内容的题目和任务，以及第三部分 4.0 分内容的题目和任务。个别教师生成的其他评估可能遵循相同的格式。然而，也可采用许多其他形式的评估。比如，面谈也是评估的一种类型，其中包括教师主导的讨论，其间教师会针对 2.0，3.0 和 4.0 分的内容进行提问。

第一部分（2.0 分）

1. 从以下选项中选择最佳答案。若两三角形全等：
   a. 它们有相同的内角及外角和。
   b. 一个三角形的面积是另一个三角形的两倍。
   c. 它们完全嵌合。
   d. 它们的对应边相等，对应角相等。
2. 填空。
   三角形的内角之和加起来总是等于_____。
3. 在这些三角形的对应角之间画线。

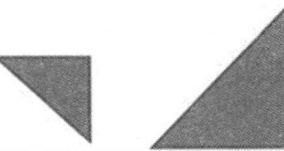

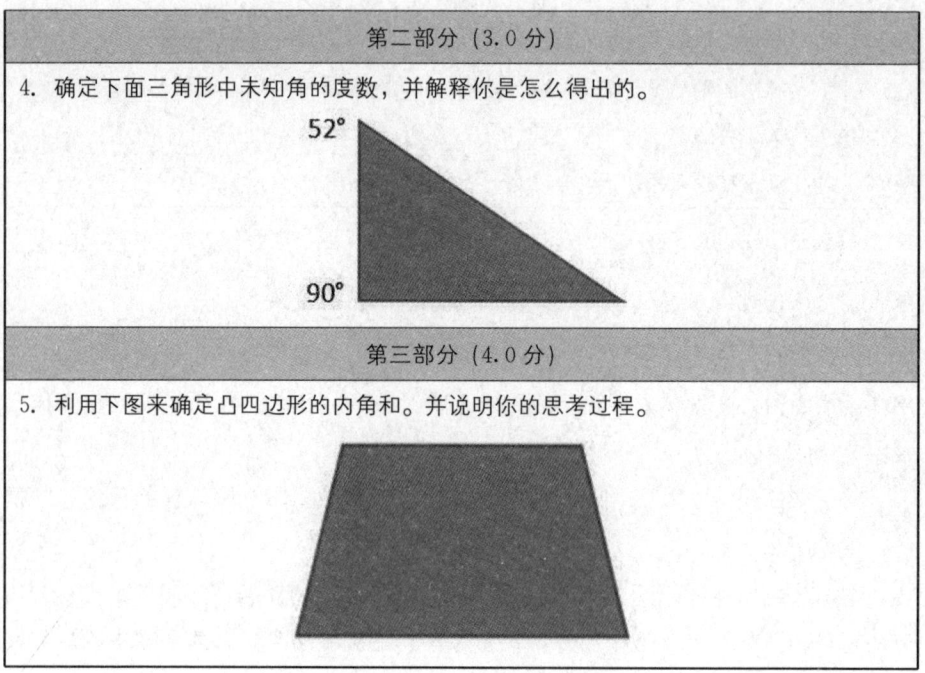

来源：Marzano Research，2016o。

图 2.2 三个部分的评估

学生生成的评估是学生个体提出和实施的评估。这种特殊策略为学生提供了最大的灵活性，因为他们可以选择最适合自己个性和偏好的评估方式和做法。

要素 5 中最不寻常的策略可能是回答模式，它包括不同的计分评估方式。为了说明这一策略，见图 2.3。

图 2.3 描述了一场测试中学生个体的回答模式，包括三个部分：(1) 2.0 分部分；(2) 3.0 分部分；(3) 4.0 分部分。2.0 分部分包含了 5 个题目，每个 5 分共 25 分。学生获得 22 分，即占总分的 88%，这表示学生理解了 2.0 分的内容。学生在 3.0 分部分获得 50% 的分数，但是在 4.0 分部分只得到 15% 的分数。该模式在测试中转化为 2.5 分的总分，表示学生对掌握量表上 2.0 分的内容已经掌握，并部分掌握了 3.0 分所要求的内容。

部分	题目编号	每题配置得分	每题实际得分	每部分百分比
2.0 分	1	5	5	22/25＝88％
	2	5	4	
	3	5	3	
	4	5	5	
	5	5	5	
	总计	25	22	
3.0 分	6	10	7	15/30＝50％
	7	10	4	
	8	10	4	
	总计	30	15	
4.0 分	9	10	1	3/20＝15％
	10	10	2	
	总计	20	3	

来源：Marzano Research，2016o。

图 2.3　计分评估的百分比配置

如果以上策略实施达到了预期效果，那么教师将在学生身上观察到如下一些行为表现：

◇学生能解释自己在评估中所获得的分数相对于具体的知识掌握进步情况意味着什么。

◇学生能根据他们在具体主题中的状态来解释自己的成绩意味着什么。

◇学生提出了一些能在掌握量表上显示自己掌握水平的方法。

制订教学计划

关于使用评估的设计问题是，教师将如何设计和管理评估，帮助学生了解测验评分评等如何与预期他们掌握的知识进步情况相关联？与这个设计领域相关的两个要素为这个整体设计问题提供了具体的指导。教师可轻松地将这些要素转化为更聚焦的教学计划问题。

要素 4：如何非正式地评估全班学生？

要素 5：如何正式地评估学生个体？

对于要素 4 的教学计划问题，教师可采用随机的形式，即仅在适合对全班进行非正式评估的情况下进行。例如，一名教师正在上 2.0 分内容的课。她采用电子投票设备来记录学生回答问题的情况。随着课程的进行，她注意到越来越多的学生正确回答了问题。她将这一信息作为表扬全班取得明显进步的契机。尽管她本可以为这一活动做计划，但机会自己呈现出来了，她就这样做了。

对于要素 5 的教学计划问题，通常需要更加正式地设计，因为教师将通过一个单元或一组相关课时来进行评估。通常，教师在一个单元开始时，会针对掌握量表上 2.0、3.0 和 4.0 分的内容进行一次前测。他们必须提前予以筹划。同样，教师也应计划好类似的涵盖相同内容但是使用不同题目和任务的后测。尽管在前后测之间，教师可能安排了一次或多次其他测试，但我们也建议教师根据需要安排评估并进行管理。只要所有评估都采用掌握量表 0—4 分的评估系统计分，教师就可以比较所有得分，画出一张清晰的学生学习情况变化图。

改革的启示

这个设计领域的主要变化是从"评估视角"到"测量视角"的转变。这是一个真正的范式转变，具有深远的影响。目前，教师将评估视为一组单独的活动，用来收集学生在教学中是否掌握某个主题的成绩信息。教师对大部分评估采取百分比（或者其变式）来计分。在某些时候，教师也会通过一些方式将所有学生的个人成绩汇总在一起，为学生提供每个主题的总体分数。通常，当某些测试得分比其他测试多很多时，教师使用加权平均数。然后将总分转化为某种类型的总体百分比或等级。

这一过程很难告诉我们，学生知道或者不知道哪些具体知识。相反，从测量的角度得来的分数可明确显示学生知道或不知道哪些具体知识的信息。这是因为一种测量的方法将评估分数转化为了掌握量表上的分数。不管教师采用什么类型的评估，它总是转化为掌握量表的度量标准。例如，教师采用纸笔评估然后赋予学生掌握量表上的 2.0 分，一段时间以后，教师与学生讨论 3.0 分数的内容，认为学生已掌握该内容的一部分。根据面谈结果赋予学生掌握量表上的 2.5 分。一周后，教师就 3.0 的内容组织了一次测试，并得出结论，学生没有大的错误和遗漏。基于这次评估，教师赋予其掌握量表上的3.0分。这一过程采用的就是一种测量的角度，如图2.4所示。

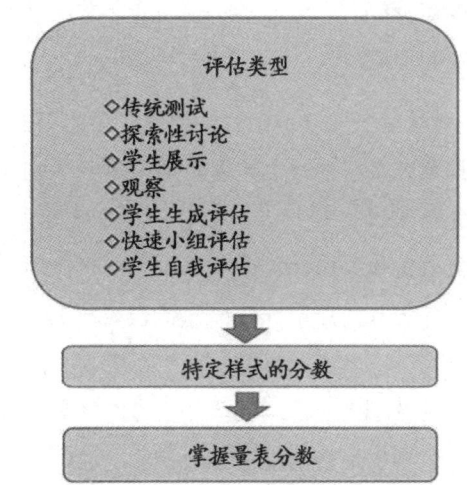

来源：改编自Marzano, Norford, & Finn, 印刷中。

图2.4 测量过程

图2.4表明评估可采取多种形式，包括测验、讨论、学生生成评估等等。根据这些不同类型的评估可得到自己特定样式的分数。例如，教师最初可能以百分比形式对2.0分内容计分。这种百分比分数就是一种特定样式的分数。接着教师可以将特定样式的分数转化为掌握量表分数。这就是测量过程的精髓——不同样式和评分方案的评估最终都转化为掌握量表分数。随着时间的推移，可以了解学生在特定时间的学习状况和学习进步情况。与目前平均测试分数的做法相比，我相信这个过程能让教师收集更多关于学生学习状况和进步情况方面的更准确且更有用的信息。

第三章　开展直导教学

如第一章所述,《新教学艺术与科学》中的第二个主要类别是"内容"。这一类别涉及教师采用哪些策略来帮助学生掌握教学中重点的知识和技能。该类别包括三种不同类型课的策略设计：(1) 直导教学；(2) 练习和拓展加深学习；(3) 灵活应用知识。内容类别的最终设计包括了适用于所有这三种课的策略。有效的教学方法是教师以协调的方式使用所有四个设计领域的策略。在本章中，我们将重点介绍直导教学课。

在某些圈子里，直导教学名声不太好。人们通常将其与说教、讲授为主的呈现相联系，在该过程中，学生是被动的信息消费者。教师开展直导教学，学生参与度固然可能不高，其实，其他各种类型的教学也可能会出现参与度不高的情况。事实上，有研究不断证明直导教学的必要性，这种呼声通常出现于质疑提倡探究教学的适切性。为了说明这一点，2011 年，我在《教育领导》上发表了一篇题为"发现学习的危险和承诺"的文章（Marzano, 2011）。在那篇文章中我报告了一项关于发现学习和直导教学之间 580 个比较的元分析，研究者（Alfieri, Broocks, Aldrich, & Tenenbaum, 2011）发现，直导教学在大多数情况下优于发现学习。正如我将在第五章中讨论的，发现学习在课程类型的流转中占有一席之地，但是直导教学是其成功的基础。更具体地说，当教师向学生展示新内容时，直导教学是必不可少的。

> 对于直导教学，学生预期的心理状态和过程是：当教新内容时，学生理解哪部分是重要的，以及各个部分是如何融会贯通整合在一起的。

以下要素对有效进行直导教学至关重要。

要素 6：将教学内容分块

如果内容对学生来说是新的，最好将其处理成小块的、可理解的形式。这是因为学生的工作记忆中只能存下少量的信息（参见 Marzano，1992，2007）。例如，教师向学生介绍有关全球变暖话题的新信息时，可能会采用教科书中的几页。为了以学生易消化的方式——"组块"——介绍其内容，教师首先要通读书中这几页，在其中寻找自然节点。他准备让学生学完前三段停下来，并给他们时间反思这些内容。在这一页结束时有一个停顿，等等。无论教学形式或场地如何，做法都是一样的——教师在重要节点停止输入新内容，让学生有时间思考自己刚才所学内容。

该要素中的策略如表 3.1 所示。

表 3.1　将教学内容分块

策　略	描　述
使用预评估数据来设计组块	根据学生最初对新内容的理解，教师决定以适当的组块大小来展示新内容。
以小步子、连续相关形式展示内容	教师将内容分成小块的、学生易接受的形式。如果展示新的陈述性知识，组块由逻辑一致的概念和细节组成。如果展示新的程序性知识，组块由形成这一过程的步骤组成。
允许为组块之间的加工留出时间	教师让学生分组协同合作来加工知识组块。

来源：改编自 Marzano Research，2016e。

与大多数其他要素中的策略不同，所列出的用于分块的策略最好按顺序使用。该要素中的第一个策略（使用预评估数据设计组块）是为了确定学生对新内容的准备程度。这很重要，因为学生对该内容了解得越多，组块就可以越大；了解得越少，组块就应该越小。预评估可以是非正式的。例如，关于多位数减法策略的预评估可能只是向全班提出一个问题，并让学生描述他们如何解决这一任务。假如绝大多数学生看起来已经知道怎样解决这一问题，教师就可将该过程分为两个步骤展示，因为学生看似已经对要做什么有了一个整体的感觉。假如学生看起来并不熟悉这一过程，教师就要花更多的时间去展示和证明每个步骤。预评估也可以更加结构化，以及采取印刷测试题的形式来回答掌握量表不同水平的问题。

第二个策略涉及分块过程的实际执行。这样做的时候，教师会不断监督学生理解内容的程度。如果学生看起来很困惑，那么在介绍新的内容组块之前，教师会再复习相关内容。

表3.1中的最后一个策略是提供一个结构化的时间，让学生可以相互交流教师先前讲解的内容。这种加工时间是结构化的，这样学生可以采用分组的形式组织起来，小组成员也有特定的责任。

如果以上策略实施达到了预期效果，那么教师将在学生身上观察到如下一些行为表现：

◇学生积极加工组块之间的内容。
◇学生可解释在新内容的讲解过程中，教师为何在特定节点停下来。
◇学生似乎了解每个组块的内容。

要素7：教学内容多样加工

教师讲解新内容时，在组块之间的暂停期间，学生应参与到活动中，选择能促进自己理解的方式以分析和加工新信息。这些过程必须是经过精心策划并且结构化的。如果学生仅仅是简单分享自己关于刚学过的知识组块的观点，那么他们可能并没有非常充分地互动以促进学习。

该要素中所包含的策略如表3.2所示。

表3.2　教学内容多样加工

策　略	描　述
视角分析	教师要求学生采用视角分析来考虑新知识的多个角度。
思考帽	教师让学生通过想象自己带着六种不同颜色思考帽中的任何一种来加工新的信息，它们分别代表六种不同的角度：白帽子（中立客观），红帽子（情感），黑帽子（仔细谨慎），黄色帽子（乐观），绿帽子（创意）和蓝帽子（组织）(de Bono, 1999)。
合作加工	教师要求学生小组会面，总结自己刚刚介绍的知识，澄清有关知识上的问题，并对接下来要学的内容做出预测。

续表

策略	描述
切块拼接式合作学习	教师将学生分成同等规模的小组（如4个成员），并将内容分成与小组成员数目一样多的类别（如4个类别）。教师给每个小组成员分配一种类别的知识，使之成为该方面的"专家"。然后他们回到小组展示自己所学的内容。
互惠教学	教师讲解完组块知识后，小组中的讨论领导者对所介绍内容进行提问，小组成员对每个问题进行讨论。然后由小组中一位成员总结目前所介绍的内容，其他成员对接下来要学的内容组块做出预测，再次开始这一循环。
概念获得	教师要求学生识别、比较和对比一个概念的正例和反例。
思考—配对—分享	教师让学生仔细思考一个问题，再与另外一位同学交流各自的答案以达成共识，最后向别组或者全班分享他们的答案。
脚本化合作组合	学生对新内容的主要观点和关键细节做笔记。教师将学生分成两组，并分配每个学生扮演复述者或是聆听者。复述者在不看笔记的情况下总结所学内容，聆听者补充遗漏信息并纠正其中的错误。学生在下一组块学习中转换角色。

来源：改编自 Marzano Research，2016bb。

表 3.2 中的所有策略都强调以促进学生理解和记忆的方式来帮助学生加工教学内容，只是所采取方法不同而已。其中的两个策略——视角分析和思考帽，都需要学生以不寻常的方式思考新内容。如，视角分析要求学生确定自己对一个话题的立场以及支持该立场的理由。接下来的学生会考虑有关该话题的不同立场和背后的原因。

有些策略为学生如何加工教学内容提供了非常具体的程序。如，切块拼接策略要求学生以小组形式讨论，以成为新的内容某一具体方面的专家。然后以专家身份再回到他们原来的小组报告和分享自己学到了什么。

还有一些策略更侧重于合作过程。如，脚本化合作组合策略要求学生从两个角色的角度进行交互影响：(1) 复述者；(2) 聆听者。学生不断转换角色，提供有关新内容的系统对话。

如果以上策略实施达到了预期效果,那么教师将在学生身上观察到如下一些行为表现:

◇学生似乎正积极地学习理解内容。
◇学生自愿进行预测。
◇学生能解释刚刚学了什么。
◇学生自愿提出澄清问题。

要素 8:记录和表征教学内容

直导教学的最后一个要素涉及给学生提供机会,以记录和表征课堂中的重点内容。这些活动的最终目标是学生能生成关于内容的内部表征。用专业术语来说,学生将以具有个人意义的方式对内容进行"编码"(encode)。编码信息有两种基本方式:言语的和非言语的(Marzano,1992,2007)。"言语表征"(linguistic representation)指使用语言对新内容进行编码。例如,当学生书写一份关于刚学过内容的总结,或者创建一个包含新内容主要部分的语词网络时,他们就在以言语的方式表征内容。当他们创建图形组织者和制作图形模型时,就是以"非语言表征"(nonlinguistic representation)方式加以呈现。

该要素的有关策略见表 3.3。

表 3.3 记录和表征教学内容

策 略	描 述
非正式提纲	教师让学生用缩进排版来表示观点的相对重要性。即在页面左边写下一些主要观点,在主要观点下面缩进并列出所包含的细节部分。
总结	教师要求学生简要快速地总结内容。总结的重点在于识别关键内容并描述各部分是如何组合在一起的。
图形笔记和象形文字	教师让学生使用图形笔记和象形文字说明新内容。图形笔记作为手写笔记的附属物,或者在某些情况下作为主要的记笔记形式。
笔记、图形和总结组合运用	教师要求学生在图表的左栏中记录内容,在右边的栏中画出图形或图示,并在图表的下方写一个简短的内容总结。

续表

策 略	描 述
图形组织者	教师让学生使用图形组织者记录知识,这些图形组织者对应于信息中常见的特定模式。常见的文本结构包括顺序、描述、比较、因果关系以及问题和解决方案。
自由连接网络	教师让学生将主要观点置于中央圈中,然后根据每个主要观点的重要细节将主要观点连接到较小的圈上。与简单的描述型图形组织者不同,自由连接网络通过显示与中心主题的关系来连接多个子主题。
学习笔记本	教师让学生将笔记记在一个永久记录本中,当他们添加新笔记的同时,可回顾以前的记录并更正以前的观点。
戏剧扮演	教师让学生进行角色扮演,或者表演场景、过程或事件。
助记策略	教师使用助记策略帮助学生记忆、记录和表征关键内容。助记策略通常将内容与符号、图像和声音模式联系起来,以加强用户的记忆。
押韵字钩法	教师让学生使用一套与数字一到十押韵的具体图像来助记,如"one is a bun, two is a shoe(一是馒头,二是鞋子)"等。然后,学生将通过具体图像形成有关内容的心理图像,以方便记忆。
链接策略	教师让学生给主要观点创建符号或替代品,然后将这些符号和替代物联系起来。符号是可以提示一种重要信息的图像,如,用彩虹代表弧(arc)的概念。替代品是一个易于描绘的词,听起来就让人想要记住的信息,比如"ark"(一艘大船)这个词,用来记住圆弧的概念。

来源:改编自 Marzano Research,2016gg。

表 3.3 中的有些策略侧重于用言语方式编码内容,如,非正式提纲策略采用缩进排版来表示有关内容总结的重要程度。有些策略侧重用非言语的方式编码内容,如,图形笔记和象形文字策略使用符号和示意图表征内容。有些策略同时使用言语和非言语方式表征内容,如笔记、图形和总结相结合策略。有些策略旨在提高学生记忆内容的能力,如学生可以使用助记策略、押韵字钩法和链接策略来

辅助记忆。学习笔记本是一个总体策略，因为它们几乎可容纳任何类型的言语或非言语表征。

如果以上策略实施达到了预期效果，那么教师将在学生身上观察到如下一些行为表现：

◇学生生成包含关键信息的总结。
◇学生生成包含关键信息的非言语表征。
◇学生可解释其言语或非言语表征。
◇学生记住以前课程中的关键内容。

制订教学计划

进行直导教学的设计问题是，当教师教授新内容时将如何设计和提供直导授课，以帮助学生了解哪些部分是重要的以及它们如何做到融会贯通。有关该设计领域的三个要素对此提供了具体的指导。教师可轻松地将这些要素转化为更聚焦的计划问题。

◇要素6：如何将新内容分成小块的、易于理解的形式？
◇要素7：如何帮助学生加工单个组块和整体内容？
◇要素8：如何帮助学生记录和表征知识？

教师首先必须解决的计划问题是确定直导教学中的重点内容。这是一个重要的考虑因素，因为要保证直导教学所需的时间，并非所有内容都足够重要。如第一章和第二章所述，掌握量表是达到这一目的的有力工具。根据定义，掌握量表所表达的内容表明该内容非常重要。为说明这一点，请参见图3.1的掌握量表。

4.0	学生将参与观点调查工作，针对"假如妇女选举权运动失败，会发生什么"表达看法或者进行辩护。
3.5	除了达到3.0分的各项要求外，学生能部分达到4.0分内容的要求。
3.0	学生将能理解美国妇女参与选举（20世纪初）的含义，以及非美裔民权运动（1955年—1968年）的影响。
2.5	学生在2.0分要求的内容上没有大的错误和纰漏，能部分掌握3.0分所要求的内容。

2.0	学生能识别和记起一些基本词汇术语，诸如经济帝国主义、民族主义和军国主义。 学生能识别和记起一些基本事实，诸如： ◇《美国宪法》第 19 条修正案于 1919 年 6 月 4 日提出，并于 1920 年 8 月 18 日批准。 ◇马丁·路德·金爵士，在 1963 年 8 月 28 日林肯纪念堂的台阶上发表"我有一个梦想"的演讲。
1.5	学生能部分掌握 2.0 分所要求的内容，在 3.0 分要求的内容上会有大的错误和纰漏。
1.0	在别人帮助下，学生能部分掌握 2.0 和 3.0 分所要求的内容。
0.5	在别人帮助下，学生能部分掌握 2.0 分所要求的内容，但是不具备 3.0 分要求的内容。
0.0	即使在别人帮助下，学生也一无所获。

图 3.1　社会学习的掌握量表

　　2.0、3.0 和 4.0 分水平的内容都包括了应实施直导教学的成分。在 2.0 分水平，教师将使用直导教学策略向学生介绍词汇，如经济帝国主义、民族主义和军国主义。并且使用直导教学策略介绍一些细节，如《美国宪法》第 19 条修正案于 1919 年 6 月 4 日提出，并于 1920 年 8 月 18 日批准，以及马丁·路德·金爵士，在 1963 年 8 月 28 日林肯纪念堂的台阶上发表"我有一个梦想"的演讲。在 3.0 分水平，教师将使用直导教学策略论证妇女选举权运动和民权运动之间的关系。甚至在 4.0 分水平也可用到直导教学，如教学生进行观点调查的过程。

改革的启示

　　这一设计领域的改革意味着，直导教学课应该是精心设计和完善的创作。正如我们所看到的，直导课适用于掌握量表所有三个水平的内容。这种课并不容易设计。事实上，设计良好的直导课在产生最佳结果之前通常要经过一系列调整。这使得直导教学课成为课程学习的最佳选择。

　　课程研究最好在合作小组的背景下进行，作为 PLC 过程的一部分（Dufour,

DuFour, Eaker, Many, & Mattos, 2016；另见 Marzano 等，2016）。具体来说，PLC 环境下的合作小组选择一个教学单元并创建一个通用的掌握量表，且在量表上清晰地表达 2.0、3.0 和 4.0 分的内容。与传统做法一样，小组成员利用量表创建一个共同的前测和后测。此外，合作小组确定 2.0、3.0 和 4.0 分的内容也将需要采取直导教学课。

其中一些课程可能会比较详细，如 2.0 分情况下的内容会涉及许多词汇和细节。在另一些情况下直导课可能很简短，如 4.0 分情况下，需要在之前介绍的概念基础上再引入一些细节和补充内容，这样学生就可以参与到知识应用任务中。

确定直导课教学的内容之后，小组可能依靠更有经验的教师来领导课时设计。随后小组成员尝试这些课程，并通过直接观察或视频录制来寻求小组的意见。然后，小组成员调整和重试课时，直到在学生中产生一致的预期结果。

随着时间的推移，学校或学区将为掌握量表的各个内容水平开发一套存档的直导课。而且通过增加一些教师可能用的新活动和资源，学校或学区可以不断更新和增加。以这种方式进行课程研究，可创造越来越多的资源，以帮助教师在劳动强度最大的课堂中进行直导教学。

第四章　积极练习/拓展

一旦通过直导教学讲解教学内容之后，教师必须进一步拓展加深学生的知识。

> 对于拓展加深学生知识的课时设计，学生预期的心理状态和过程是：在教师讲解完新内容之后，学生要加深理解，并提高技能和过程的熟练程度。

当进行练习/拓展课时，务必谨记"程序性知识"和"陈述性知识"之间的区别。"程序性知识"（procedural knowledge）包括技能、策略和过程。例如，将分数转换为小数是一项技能，因为它有一套按特定顺序执行的步骤。解码是一种策略，因为它涉及特定的行为，尽管它们不一定每次都以相同的顺序执行。撰写解释性论文是一个过程，因为它涉及执行具有不同结果但必须以统一方式合作的多种策略。

"陈述性知识"（declarative knowledge）是各种信息，但也有各种各样的形式。在最低层面上，它涉及"术语"的知识。例如，内角、相似、全等和角度。再上一层面包括是"事实"。例如，全等和相似的具体特征。术语和事实都是相对具体的，两者一起被称作"细节"（details）。"陈述性知识"在更广泛的层面上是指"概括"和"原理"。它们将术语和事实组织成相关的信息集合。如，概括描述三角形的角，包括内角和、角角相似与全等。原理描述了变量之间的关系；如，当一个变量增加时，另一个变量就会减少。"陈述性知识"最高层面是概念，它们将概括和原理组织成更大的信息系统。如，多边形的概念可将概括、原理和关于三角形、矩形、梯形等的细节组织在一起。

以下要素对有效地练习拓展学习十分重要。

要素9：运用结构化练习时段

练习是有效教学的主要内容，但经常被误解。一个明显原因是练习适用于程序性知识，而不是陈述性知识。也就是说，学生需要练习技能、策略和过程，但是不需要练习细节、概括、原理和概念。相反，学生可通过本章讨论的其他类型的活动来加深掌握这种陈述性知识，比如区分异同。

另一个原因是所有的程序性知识都经历三个阶段（1）认知阶段，（2）联想阶段，（3）自动化阶段（参见 Anderson, 1983；Fitts & Posner, 1967）。在"认知阶段"（cognitive stage），学生只学习技能、策略或过程。此时，他们学习的是陈述性知识。例如，当教师第一次解释并演示一种读条形图的策略时，对学生来说它只是信息。学生在这个阶段没有执行任何操作。相反，他们试图理解自己首先做了什么，下一步做什么，等等。

在"联想阶段"（associative stage），学生正尝试这个策略，并确定要改变或扩充哪些部分，以使该策略对他们个人来说更加高效和有效。这一阶段需要学生进行最充分的分析，因为他们要决定自己将改动程序的哪个地方。最后，在"自动化阶段"（autonomous phase），学生可以很好地利用自己的能力来执行程序，并提高使用的熟练程度。

有关该要素的具体策略见表 4.1。

表 4.1 采用结构化训练

策　略	描　述
示范	当向学生展示任何技能、策略或过程时，教师首先为他们作出示范。这包括教师展示技能、策略或过程中的步骤，并且在他们操作的过程中说出思考过程。
指导性练习	教师精心安排，向学生提供练习新技能、策略或过程的机会，从简单的技能、策略和过程逐渐过渡到更加复杂的技能、策略和过程。
紧密督促	教师提供高度结构化的练习环境并密切督促学生的操作，以纠正学生早期的错误或误解。
多次结构化练习	教师先就技能或过程提供一个清晰的说明。然后多次对技能或者过程的不同部分提供练习。把技能或过程作为一个整体来对待，提高成功的可能性。

续表

策　略	描　述
变式练习	教师提供在更具挑战性情境下练习技能或过程的机会。学生同样要关注如何取得成功，但是他们可能需要比在多次结构化练习中付出更多的努力。
熟练度练习	教师让学生进行独立练习，此时他们专注于将技能或过程练习得更加熟练、准确、快速和自动化。
提供样例	当学生在练习技能或过程时，教师要提供一些已解决的问题或例题，这样就能清楚地把握正确的程序。
测验前练习	教师要安排好练习计划，以确保学生在测试或重测之前，有机会复习和练习技能或过程。

来源：改编自 Marzano Research，2016kk。

表 4.1 中的策略主要用于学习和深化程序性知识。在讲解新技能、策略或过程时，教师通常会使用示范策略。示范过程中，教师要说明过程并展示其步骤，同时学生可以进行观察。如前面讨论过的，当教师讲解新程序时，学生将处于程序知识发展的认知阶段；此时学生正试图理解程序的目的是完成什么，以及如何完成。

当进入联想阶段，学生练习程序的各个部分并作出自己的调整，此时他们会使用表 4.1 中的许多策略。在学习的联想阶段可采用的最强有力的策略之一是提供样例策略。顾名思义，该策略涉及向学生展示一些具体的例子，这些例子展现了如何合理运用一项技能。例如，将分数转化为小数。在为学生设计练习活动的同时，教师还会选取一些能说明如何将分数一步步转化为小数的例子，以保证学生理解每一步。而有些策略最适合用于自动化阶段。熟练度练习策略显然是其中之一。在该阶段，练习侧重于提高过程的速度和准确度。

在该要素中通常会引起教师疑问的一个策略是测验前练习。有一种常见的误解是，一旦学生在某项技能、策略或过程上达到了熟练水平，就无需更多努力来保持这一水平。事实上，如果一个学生在一段时间内没有使用某项技能、策略或过程，教师应该提供机会练习，然后再进行测试。

如果以上策略实施达到了预期效果，那么教师将在学生身上观察到如下一些行为表现：

◇学生积极参与练习活动。

◇学生就过程进行提问。

◇学生提高了完成程序的能力。

◇学生提高了对自己完成程序能力的自信心。

◇学生提高了完成程序的流畅度。

要素 10：区分异同

该要素通过区分事物哪些是相似的，哪些是不相似的，来帮助学生加深对陈述性知识的理解。该要素中的策略既可用于陈述性知识，又可用于程序性知识。例如，"供应"和"需求"的概念，它们本质上显然是陈述性知识。教师可要求学生辨别并清楚说出这两个概念之间共同的特性，以及彼此各自的特性。这将最可能加深他们对两者的理解。当学生首次学习某程序知识时，也是如此。回想一下，当学生处于认知阶段时，他们是将过程作为信息来学习。在这种情况下，让学生区分正在学习的程序和已经学过的程序之间的异同点是很有用的。例如，假如一位教师正向学生介绍多位数减法的程序，那么让他们区分它与之前学过的多位数加法程序的异同点是十分有用的。

通过区分异同来培养学生深化知识的策略各式各样。这些策略见表 4.2。

表 4.2 区分异同

策略	描述
句干比较	教师让学生补充那些需要比较和对照不同人、地点、事件、概念或过程的句子。如，家猫与狮子相似，因为_____。家猫与狮子不同，因为_____。
归纳	教师让学生使用这样的三列来归纳异同点：(1) 左列列出第一个事物仅有的特征，(2) 右列列出第二个事物仅有的特征，(3) 中间一列列出两者相似的特征，以及一句归纳两者相似点的句子。
构建回答比较	教师让学生以简短的段落描述一些事物是如何相似或不同的。该策略以一个简单的教师提问开始："_____与_____是如何相似和不同的？"学生必须决定回答中要包含哪些相似点和不同点，以及如何作出合理分析。

续表

策　略	描　述
韦恩图	教师要求学生使用重叠的圆圈比较和对照有关要素。学生在圆圈相交处写下比较事物的相似点，在圆圈不相交处写下各自不同的特性。
T型图	教师让学生使用T型图比较两个物体、观点、事件或人物。学生要填写一个T型组织图，即，在上部写上两个主题，并在分界线的两边写下描述两者各自的细节。只要学生为每个主题收集了几个特征，他们就可以寻找两者之间的相似点和不同点。
双泡图	教师让学生在一页纸左右两边的大圆圈内写下要比较的两项内容。在页面中间与两个大圆圈相连的小圆圈内列出两项内容的共同属性。在页面边缘的只与适用大圆相连的小圆圈内写下特有属性。
比较矩阵	教师让学生在矩阵每一列的顶部写下他们希望进行比较的要素。在每排中，写下他们要比较的要素的特征。然后，在每个单元格中记录与各要素属性相关的信息。最后，学生总结通过比较这些要素学到了什么。
分类表	教师创建了一个上部列出一些类别的表格，然后让学生填入适合每个类别的实例。
分叉式图示	教师让学生用分叉式图示（dichotomous key）来关注要素之间的差异。这是一种图形的组织者，它通过描绘每个要素的不同特征来帮助学生理解两个或更多的东西。因此，要素应该具有相对明显的相似点。该策略对于区分科学中相似的有机体十分有用，但是教师也可以将其调整至适用于需要学生在相同类别下区分要素的任何学科。
排序、匹配和归类	教师要求学生对内容进行排序、匹配和分类。在分类时，学生将物品放入特定的、预先确定的类别中。在匹配时，学生匹配两种相互等价的物体。在分类时，学生将要素分成两类或更多类别，并解释其分类背后的原因。
明喻	教师让学生使用"像"或"如"来表述比较。例如：不同分母的分数相加就像在加苹果和橘子。

续表

策 略	描 述
隐喻	教师让学生以直接的关系——一件事是另一件事——来表述比较。例如：人生是场旅行。
句干类比	教师让学生用句干创建比较来描述两个事物或概念之间的具体关系。类比采取以下形式："物体1对应物体2就如物体3对应物体4。"四分卫对应_____就如投手对应_____。
视觉类比	教师要求学生使用视觉组织者帮助作出类比。该组织者有两条平行线，一条在另一条的上面，每条线中间都有一条等分线。学生将类比的第一对要素写在上面一条线上，第二对写在下面一条线上。在两条线的中间，描述这两对要素之间类似的关系。

来源：改编自 Marzano Research, 2016n。

表 4.2 中的策略代表了让学生区分要素异同点的不同方法。该要素中包括 14 个策略，因此，教师可以让学生参与到大量涉及异同点的知识深化活动中，而不需要重复任何既定的策略。有些策略涉及使用特定的图形组织者，如韦恩图策略、T型图策略、双泡图策略和比较矩阵策略。有些策略涉及抽象特征的区分，如明喻、隐喻策略和类比策略。有些策略涉及一个人如何规定相似点和差异点的问题，如分类表策略，排序、匹配和归类策略以及学生生成的分类模式策略。

如果以上策略实施达到了预期效果，那么教师将在学生身上观察到如下一些行为表现：

◇学生理解正在进行比较的要素之间的异同点。

◇学生就正在进行比较的要素之间的异同点进行提问。

◇学生能解释这些学习活动是如何深化自己的知识的。

要素 11：检查推理错误

这一要素通过让学生检查自己的推理以及所呈现信息的整体逻辑，来帮助他们加深对内容的理解。这种活动是所谓《大学与职业生涯准备度》（Conley, 2014）的核心部分。这是有实际意义的，以便将来上大学深造的学生有分析自己或其他人思维的能力。

该要素的具体策略见表 4.3。

表 4.3 检查推理错误

策　略	描　述
识别逻辑错误	教师让学生发现并分析逻辑错误。逻辑错误是指所提出的理由不支持某个结论的情况。该类错误的具体类型包括：前后矛盾、例外当真、假性因果、合成失策、分解失策、窃取主张、回避主题和无知争辩。
识别故意非难	教师让学生发现并分析故意非难型错误。当一个人在反驳对方时，侧重于论证的背景而不是论证本身，那么故意非难的错误就发生了。
识别证据不足	教师让学生发现并分析证据不足型错误。该类错误的具体类型包括：资源偏见、资源失信、搬弄权威、迎合舆论和情感共鸣。
识别信息不当	教师让学生发现并分析信息不当型错误。信息不当型错误有两类：混淆事实和概念误用。
练习识别逻辑错误	教师使用练习来帮助学生识别逻辑错误。通常，这些练习将通过几句话描述一个情景，并要求学生识别该情景中存在的推理错误。
在媒体中查找错误	教师为学生提供政治辩论、电视采访、商业宣传、广告、报纸文章、博客等其他来源的素材，并要求他们查找并分析这些信息背后的推理错误。
检查主张的证明	教师让学生通过分析证明主张的理由、证据和限制条件来检查为某个主张提供的证明。理由是用来证明主张的原因；论据是证明理由的证据、事实或数据；而限制条件解决了主张的例外情况和异议。
从作者的作品中判断推理和证据	教师要求学生运用推理和论证的知识来描述和评价文章中存在的主张。学生阅读文章并确定其中的主张、理由和限制条件。他们必须判断其推理是否有效合理（不包含错误），以及论据是否充足且相关。

续表

策　略	描　述
识别统计限制	教师让学生查找并分析当使用统计数据证实主张时常见的错误。学生将意识到以下五大类型的统计限制：(1) 回归均值，(2) 错误相关，(3) 基准比率，(4) 推断限制，(5) 概率相加。
使用学生易懂的提示	教师用非技术性语言的提示和问题激发学生去寻找某些类型的错误。例如，要求学生寻找"脱离主题"而不是"回避主题"的情况。
预测学生错误	教师在课堂上确定学生可能会犯的错误。在展示内容时，教师提醒学生一些潜在的问题。例如，当教师介绍计算三角形面积这一过程的时候，提醒学生如果三角形被旋转了的时候，很难确定其底和高。
避免非生产性的思维习惯	"非生产性思维习惯"(unproductive habits of mind) 会阻碍我们完成复杂的任务。为了抵制非生产性习惯，教师要强化以下生产性思维习惯：当答案和解决方案没有立刻显现的时候，要保持专注不放弃，突破知识和技能的局限，创造和追求自己的卓越标准，寻求循序渐进的步骤，准确、清晰、抵制冲动，寻求凝聚力和连贯性。

来源：改编自 Marzano Research, 2016m。

表 4.3 的策略提出了不少教师可用来帮助学生检查自己或者其他人推理思维的方法。有些策略涉及识别和纠正特定类型的错误，如，识别逻辑错误、故意非难、证据不足和信息不当的策略。自 20 世纪 50 年代以来，教师们就采用了这些策略 (Toulmin, 1958)。其他策略涉及相对较新的推理技巧，自 20 世纪 90 年代中期以来，这些技巧已经成为文献中的重要内容（参见 Marzano, 1992）。为了说明，请考虑上面的思维习惯策略。思维习惯（也称为精神惰性）是我们在复杂情况下的一种习惯性思维方式。有些思维习惯使我们的思考变得无效。例如，一个非生产性的思维习惯会使你一旦发现自己没有一个明显和快速的问题解决方案或是答案时，就选择放弃。每一个非生产性思维习惯都有相关的生产性思维习惯，它能使我们的思维高度有效。在这种情况下，当答案或解决方案没有立即显现

时，生产性的思维习惯会使我们保持专注。该要素的一些策略将学生的注意力集中在一些可能出现在特定情况下的错误上，比如在媒体或作者的作品中发现错误。

如果以上策略实施达到了预期效果，那么教师将在学生身上观察到如下一些行为表现：

◇学生积极识别和分析自己的错误。

◇学生积极识别和分析他人的错误。

◇学生可以描述并举例说明不同类型的错误。

◇学生可以解释这些活动如何增加他们对内容的理解。

制订教学计划

积极练习拓展学习的设计问题是，当教师讲解完新内容之后，如何设计和授课以帮助学生加深理解，并培养技能和过程的熟练度？有关该设计领域的三个要素对此提供了具体的指导。教师可轻松地将这些要素转化为更聚焦的计划问题。

◇要素 9：如何帮助学生参与结构化练习？

◇要素 10：如何帮助学生区分异同点？

◇要素 11：如何帮助学生检查推理错误？

这三个具体的计划问题代表了不同的活动类型。它们没有特定的顺序。但是为了做好计划，教师必须考虑到教学中重点内容的具体类型。如果内容是程序性知识，那么就需要选择结构化练习。例如，如果一个单元或者一组课时侧重于将初始数据转化为具体类型的图表的过程，那么教师就设计一些策略以确保学生历经程序性知识发展的所有三个阶段：(1) 认知阶段，(2) 联想阶段，(3) 自动化阶段。

如果一单元或一组课时的重点在本质上更具有陈述性知识的性质，那么区分异同点是教师制订计划的主要策略。例如，如果单元课程的重点是一条结论，即地球绕太阳的公转和倾角影响季节。那么教师可能会计划一些活动，如让学生创建一个双泡图，以描绘当倾角在两个完全相反的角度时，地球上某一特定地点的天气预计会有什么异同之处。

最后，教师可能计划一个或多个涉及分析错误的活动。对于程序性方面的内容，错误可能只集中于将初始数据转换为特定类型的图表时一些常见的错误。对于陈述性方面的内容，错误可能聚焦在寻找准确性的思维习惯上。

改革的启示

积极练习和拓展，改革的主要意义在于教师必须直接向学生教授新的技能，而不是学习内容。这些技能包括识别故意非难错误、逻辑错误、证据不足、信息不当、统计限制以及避免非生产性思维习惯等。而其中的每个又包含复杂的内容，需要用它独特的方式进行教学。如，逻辑错误。图4.1定义了一些特定类型的逻辑错误。

前后矛盾：呈现相互冲突的信息。例如，说非法下载音乐应该受到严厉的惩罚，同时又主张不应允许互联网供应商和政府收集有关互联网用户的信息。

例外当真：没有意识到自己的主张是基于规则的例外情况。例如，某人基于她在苏格兰一周假期内的天气而认为那里有温暖和阳光充足的气候。

假性因果：混淆了事件的时间顺序和因果关系，或是过度简化事件发生背后的原因。例如一些迷信观点，比如认为穿某件衬衫则你最喜欢的球队就会赢。

窃取主张：提出一种言论，然后用原言论的等价观点来为自己的言论辩护。例如，说纳米比亚是最美的国家是因为它拥有最漂亮的风景。

回避主题：通过转换话题来回避主题。例如，一个学生为辩护自己没有在考试中作弊，说他总是做家庭作业并且从不违反宵禁。

无知争辩：仅仅因为一个观点的反面不成立就认为该观点是合理的。例如，声称某亚原子粒子一定不存在是因为我们还没有发现它。

合成失策：如果某物的部分真实，就断定该事物整体也真实。例如，根据群体中一些人的行为或特征而对整个群体建立一个刻板印象。

分解失策：如果某物整体真实，就认为该事物的部分也真实。例如，说因为你不喜欢三明治，那么你肯定不喜欢西红柿。

来源：改编自Marzano Research，2016m。

图4.1　逻辑错误

图4.1中列出了大量正式和非正式情况下会出现的常见错误。在学生能辨别这些错误之前，首先必须能予以理解。这就意味着教师需要向学生解释这些错误，并给学生提供机会以练习识别它们。具体来说，教师要花足够的时间向学生

展示这类谬论的例子，并从学生中引出例子。接下来，教师向学生展示如图 4.2 中所示的练习。

---

1. 康纳（Connor）家有一条狗，它几乎快 20 岁了。当他朋友家的狗死了，他就问他妈妈这怎么可能发生，并说道："他的狗只有 12 岁，它本该活得更久。"

2. 吉米和路易斯（Jamie and Lewis）正在讨论艾滋病的流行。吉米说："也许有一天他们会找到治疗方法。"路易斯却说："不存在治疗艾滋病的方法，他们已经尝试了很久了，找到了吗？没有。那就意味着根本没有。"

3. 詹姆斯（James）正在写一篇课堂论文，贾马尔（Jamal）问他为什么要用手写，而不是用电脑。詹姆斯说，上次他使用电脑的时候成绩很差，所以现在他所有东西都先手写然后再输入电脑。

4. 塞尔达和安娜贝拉（Zelda and Annabelle）被分派辩论伍德罗·威尔逊（Woodrow Wilson）是不是一位优秀的美国总统。塞尔达首先提出了她的理由，解释为什么威尔逊是一个好总统。当轮到安娜贝拉讲话时，她说道："既然你们都了解塞尔达，那么你们就会明白她错了，因为她总是那么粗鲁。"

5. 泰勒（Taylor）问盖尔（Gale）为什么穿着一件肘上有个洞的夹克。盖尔告诉他这是一种新的风格，她说："看，每个人都这么穿。"

6. 萨莎（Sasha）写了一篇关于罗纳德·里根（Ronald Reagan）总统的文章。她的老师注意到萨莎引用的大部分人都说罗纳德·里根是一位很杰出的总统。这些人几乎都是与里根总统一起工作的人，并且这些话都是在当时情境中说的。

7. 劳伦斯（Lawrence）说他想在上大学后获得工商管理硕士学位（MBA），夏洛特（Charlotte）认为这很棒。她问道："你想做什么样的生意？"劳伦斯回答说："我不想做生意，只想赚更多的钱，有 MBA 的人能赚更多的钱。"

答案：1—例外当真；2—无知争辩；3—假性因果；4—人身攻击；5—迎合舆论；6—资源偏见；7—概念误用。

来源：改编自 Marzano Research，2016m。

图 4.2 练习推理错误

各种生产性思维习惯同样也需要教学和练习。因而教师必须再次提供示例并引出学生中的例子。另外，教师也必须就具体思维习惯的适用情况提供指导。这些都总结在表 4.4 中。

表 4.4　思维习惯适用情况

思维习惯	情　境	反思问题
当答案和解决方案没有立即显现时仍保持专注	你正试图解决一个非常困难的问题	我放弃是因为我不能立刻找到答案吗？
突破知识和技能的局限	你正在处理一个需要很长时间的复杂项目或目标	我停下来是因为我必须获得新知识或技能来完成这一目标吗？
创造和追求自己的卓越标准	你正在处理一个需要很长时间的复杂项目或目标	为了让我觉得自己已经尽力了，我确定了最终的产品应该是什么样的吗？
寻求循序渐进的步骤	你正在处理一个需要很长时间的复杂项目或目标	我是否将大项目分解成容易完成的小项目了呢？
寻求准确度	你正在看、听和学习一些新内容	我有没有在做事情，或者有没有提问以确定新信息是否正确？
寻求清晰度	你正在看、听和学习一些新内容	我是否意识到，当我困惑时要停下来反思或理清一些事？
抵制冲动	你需要做一个决定或对某事作出反应	我是否意识到自己行动时未经思考，需要停下检查自己的结论？
寻求凝聚力和连贯性	你正在完成一件有很多相关部分的事情	我确定所有部分都组合在一起并且为了一个共同目标而运作吗？

来源：改编自 Marzano Research，2016m。

如表 4.4 所示，生产性思维习惯包括许许多多的活动。为给学生练习这些思维习惯的机会，教师必须向学生提供这些活动。例如，当答案和解决方案没有立即显现时考虑保持关注的习惯。为给学生提供练习，教师设计一些机会让学生解决非常困难的问题，并表达了他们练习这种习惯的目的。

我相信，该设计领域内的大学与职业准备技能代表了一门新的课程，教师必须将这些技能与学习内容相配合。第十一章将深入讨论这一变化。

第五章　灵活应用知识

教师可能会采用的第三种课型涉及知识的应用。

> 学生预期的心理状态和过程是：在教师讲解完新内容之后，学生通过完成灵活应用知识的任务得出结论并为之辩护。

知识应用课要求学生参与一些活动，这些活动需要他们将所学知识应用于特定情境中。如第三章所讨论的，知识应用课是"发现学习"活动最明显的地方。然而，教师在知识应用课中进行的发现学习并不是纯粹的发现（纯粹的发现发生于学生在探索特定陈述性或程序性知识的过程中，基本上都是独立完成的）。这种"没有帮助的发现"（unassisted discovery）是非常无效的（参见 Alfieri 等，2011）。相反，"增强的发现"（Enhanced discovery）是一种非常强大的教学工具。它涉及分别来自于第三章、第四章的直导教学课和练习拓展课中的脚手架。这就是说，学生先接受精心设计的直导教学，并且进行练习拓展，接下来再参与发现的过程。

以下这些要素对灵活应用知识而言是十分重要的。

要素 12：鼓励学生参与认知复杂的任务

根据定义，认知复杂的任务需要学生开展一系列心理步骤，还要求以新的方式应用教学内容。与该要素相关的具体策略见表 5.1。

表 5.1　使学生参与认知复杂的任务

策　略	描　述
实验探究任务	教师让学生使用实验探究任务来做出假设，然后加以检验，检测结果、分析结果，并反思探究的过程以得出一个可靠的结论。观察、试验、调查和访谈都是适合这种任务的数据收集技术。

续表

策略	描述
问题解决任务	教师让学生应用问题解决任务设定一个目标，确定要达到该目标的阻碍和限制，寻找解决方案，预测哪种解决方案最有效，检验假设，检测结果，分析结果，并反思这一过程。
检查多种方法解决问题的有效性	教师让学生利用逻辑对解决问题的多种方案进行分析。学生通过对每种方案的各个方面进行比较，确定出哪种方案最实用有效。
决策任务	教师让学生用决策任务来确定可能的备选方案，列出每一种方案的判断标准，并将标准应用于每个备选方案，最后选择最合适的备选方案。
调查任务	教师让学生使用调查任务来确定要调查的概念、过去事件或未来假设事件，以确定调查对象的已知情况，确定困惑或矛盾，并为困惑或矛盾制定一个看似合理的解决方案。
发明任务	教师让学生设计一种产品以达到一个特定目标、解决一个问题或使一项任务变得更容易。学生考虑什么样的设计最适合该任务的目的和需要，然后开发一个原型。接着学生测试原型以确定它是否能有效满足期望以及它是否能再改进。
学生设计任务	教师让学生设计一项任务，加深他们对一个自己感兴趣并与班级学习目标或单元相关的话题的理解。如果学生能轻松地执行各种认知复杂任务，那么这一任务就完成了。

来源：改编自 Marzano Research, 2016k。

表 5.1 中的策略涉及要求学生深入思考内容一系列步骤。例如，实验探究型认知复杂任务。它涉及以下问题：

◇我的假设是什么？
◇我如何检验假设？
◇如果我的假设为真，我将看到什么？
◇实际上发生了什么？
◇我的假设是否成真？
◇我的想法是如何改变的？

◇我能得出什么样的结论？

认知复杂的任务也要求学生能在新的情境中应用已学过的知识——也就是"知识应用课"（knowledge application lessons）。例如，假设一个艺术班的学生在一次或多次直导教学课和拓展深化知识课中接触了某些设计原则。在知识应用层面上，教师可以分配以下实验调查任务：

> 根据我们一直学习的设计原则，选择三种可对观众产生不同影响（如平衡感、焦虑感或节奏感）的图形结构。画一幅简单的你认为能体现每种结构的图画，然后检查自己是否成功传达了想要传达的东西。例如，问问同学，让他来说哪幅画代表了哪个效果。根据调查结果，决定你是否能调整设计以改进结果（Marzano & Kendall，2008，第106页）。

这一任务要求学生创建一个原创作品，调查受众的反应，分析数据，并得出结论。

如果以上策略实施达到了预期效果，那么教师将在学生身上观察到如下一些行为表现：

◇学生明显参与到认知复杂的任务中。
◇学生能解释自己得出的结论。
◇学生能为自己的结论辩护。
◇学生从认知复杂的任务中产生了一些作品。

要素13：提供资源与指导

这类策略涉及教师为帮助学生完成认知复杂的任务而采取的行动。在这样的任务中，教师的角色从提供新知识（这是在直导教学中教师的角色）或策划学生分析内容的方式（这是在练习拓展学习中的角色）转化为在学生相对独立地进行知识应用任务时给学生提供支持。与该要素相关的策略见表5.2。

表 5.2 提供资源与指导

策　略	描　述
使用掌握量表或评分量表	教师要求学生在完成一项认知复杂的任务过程中，使用掌握量表或评分量表来监控学习进度。这些量表与学生在复杂任务上的进展相关，而非学习内容。
提供资源	当让学生完成一项认知复杂的任务时，教师提供给学生取得成功所需要的资源。在许多情况下，这些资源将是信息、书籍、网站、视频、图表等。在其他情况下，这些资源可能更多的是材料模型或建筑材料。
提供信息讲义	教师给学生提供可保留的讲义，当他们在完成长期项目或认知复杂的任务中有问题时可以回头参考。例如，一份有关特定类型的复杂认知任务及其答案的常见问题列表，可帮助学生独立解决一些困惑。
教授研究技能	教师直接教学生如何独立查找一些资源和信息，以帮助他们完成认知复杂的任务。
进行面谈	教师与学生进行面谈，以了解他们在认知复杂的任务和项目中的进展情况。
围绕教室走动	教师在学生解决认知复杂的任务时围绕教室巡视，以方便他们请求援助。
收集非正式评估信息	教师检查学生在有关任务内容的形成性评估上的回答，以预测学生的需要，并立即提供有用的资源。
提供反馈	教师向学生提供一些他们在认知复杂任务上整体表现的反馈，并针对他们完成任务的表现提出具体的建议。
引发认知冲突	教师找出与学生假设不一致的信息，并向学生展示这些信息，以帮助他们识别和纠正思维中的错误。

来源：改编自 Marzano Research，2016dd。

表 5.2 中的大部分策略提出了帮助学生成功完成认知复杂任务的各种方法。例如，提供资源策略涉及教师在学生完成任务的过程中预测学生的需求，并在合适的时间向他们提供信息、材料或指导。教授研究技能策略包含向那些需要帮助从不同渠道获取信息和分析结果的学生提供直接教学。

当然，表 5.2 中的策略没有隐含的顺序。当教师观察到学生参与复杂任务时，会选择利用那些满足个别学生、小组或整个班级需要的策略。

如果以上策略实施达到了预期效果,那么教师将在学生身上观察到如下一些行为表现:

◇学生就承担的项目向教师寻求建议。
◇学生可以解释教师的行动是如何帮助自己完成项目的。
◇学生正积极地开展复杂任务,并在需要时进行适应调整。

要素 14:生成与维护主张

让学生参与认知复杂型任务的最终目的是给他们提供机会,以生成新的结论并证明其结论。该要素的具体策略见表 5.3。

表 5.3　生成与维护主张

策　略	描　述
讲解主张和证明的概念	教师向学生讲解主张和证明的概念。刚开始只要讲解这些观点就足够了,即主张就是我们相信是真的的东西,而有关主张的原因和证据就是证明。
展示主张和证明的正式结构	当学生熟悉了主张和证明的一般概念后,教师为他们提供更正式的区别。在正式水平下,一个主张的证明应包括理由、论据和限制条件。
生成主张	教师为学生提供机会和指导以生成主张。
提供理由	教师让学生陈述主张时末尾用上"因为"一词,然后完成该句子。"因为"后面的句子部分就是该主张的证明。
提供证据	教师让学生生成论据,并帮助确定其类型:专家观点、研究结果或者事实信息。
生成限制条件	教师通过让学生收集大量关于主张的证据来帮助他们生成限制条件。学生将证据分为两类:(1) 支持主张的;(2) 不支持主张的。支持主张的证据可分为理由(较概括)和论据(较具体)。学生使用不支持主张的证据来生成限制条件。
正式介绍主张	教师让学生以口头或书面形式正式展示自己的主张。用口头展示会花费大量的时间,但是可为课堂上的学生提供丰富的机会进行提问和评论。

来源:改编自 Marzano Research,2016p。

表 5.3 中的许多策略涉及一个结构良好的论证过程的基本成分。例如，生成主张策略包括掌握学生主张的本质。这又包括区分"主张"（即信仰或观点表述）和"事实"（即很容易证实或否定的表述）。结构良好的论证也包括"理由""论据"和"限制条件"。理由代表第一层证据，第二层证据被称为论据。限制条件表明学生对自己主张的确定性程度。最终，这些成分一起运作构成了一个完整的整体。教师采用"展示主张和论证的正式结构"策略向学生展示这一整体结构。一旦学生掌握了这一综合策略，他们就能在任何情况下生成和维护主张。

如果以上策略实施达到了预期效果，那么教师将在学生身上观察到如下一些行为表现：

◇学生能根据他们的认知复杂任务生成主张。

◇学生能提供理由。

◇学生能为理由提供论据。

◇学生能提供限制条件。

◇学生能描述为什么生成和证明主张可帮助他们更加深入而严谨地学习。

制订教学计划

开展应用知识课的设计问题是，在展示完新内容后，教师将如何设计与传授以帮助学生通过应用知识来生成和维护主张？有关该设计领域的三个要素对这个整体设计问题提供了具体的指导。教师可轻松地将这些要素转化为更聚焦的教学计划问题。

要素 12：如何让学生参与认知复杂的任务？

要素 13：如何提供资源和指导？

要素 14：如何帮助学生生成和维护主张？

这些具体的计划问题可被看作是连续的。教师计划的第一件事就是学生将要参与的认知复杂型任务。这里可选择不同类型的任务（如实验调查型、问题解决型、决策型、调查型和发明型），还包括学生自己选择的任务类型。确定了认知复杂的任务后，教师鉴别并收集学生可能需要的资源，并帮助他们参与项目。最后，教师计划学生将如何生成和证明主张。虽然这个活动应该是知识应用任务的一个方面，但是有时候学生可以非正式地提出主张和证明，另一些时候学生则应该正式讲解演示。例如，如果一个单元教学时间比较长，教师可能计划让学生以书面形式正式介绍自己的主张，并附上文档。如果单元教学时间很短，教师可能会选择让学生口头陈述他们的主张，而不需要书面文件。

改革的启示

正如练习拓展课一样，知识应用课的重要变革意义在于直接教授学习内容以外的技能。应用知识课的重要技能是完成认知复杂任务与提出主张。正如前面提到的，这些技能涉及大学和职业准备里面的各个方面。

这一整套技能中的典型技能是生成和维护"主张"。我认为这应该是贯穿于整个基础教育阶段课程中的一个过程。小学阶段应提供简单版本。中学阶段，学生不仅要参与更复杂的过程，而且还要深入研究不同学科可接受的各种证据类型（如统计证据、观察性证据以及从已被接受的原则推断出的证据）。从操作上来说，每个学生都应该知道众所周知的论证的结构，因为它在整个课程中都会出现。图 5.1 提供了一个论证的整体结构的图示模型。

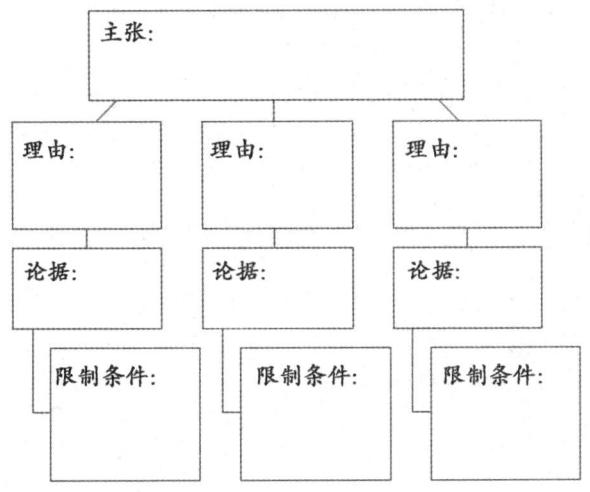

来源：改编自 Marzano Research, 2016p。

图 5.1　论证的结构

在图 5.1 的构成中，"论据"是最需要的部分，并为最大的改变提供了机会。这是因为人们并不能轻易地超出"理由"的范围（Marzano & Marzano, 2015）。理由就是当别人问及"你为什么认为那是真的？"时，我们所给出的答案。回答这个问题的原因几乎不需要思考。如当我们说某个电影不好看，有人问为什么时，我们能很容易地做出回答：它太长或太短了，它太复杂了。这些原因其实只停留在我们思维的表面。只有当我们提出能证明原因的证据时，才达到深度思考的层面。例如，解释为什么一部电影太过复杂，从我们的角度来看是一部糟糕的电影，这涉及老师很少要求学生展示的一种表达上的严谨程度。这其实是很不幸的，因为这种思考是"有效学习"（effective learning）的核心，也是逐渐积累那些贯穿于一个严格执行的论证过程中的一整套概念、结论和原则的关键。

第六章　善用教学策略

很多策略都常见于所有这三种课型中：(1) 直导教学课；(2) 练习拓展课；(3) 知识应用课。

> 对于这些普遍存在的策略，预期的心理状态和过程是：学生不断地将新旧知识结合起来，并相应地调整自己的理解。

该设计领域的要素可以帮助学生不断地对正在学习的内容进行循环，这样就可以将新旧知识结合起来。学生必须反复循环并在现有的知识基础上做出改变的概念，肯定不是一个新概念。例如，让·皮亚杰（Jean Piaget）1971年区分了"同化"和"顺应"的学习过程。同化（assimilation）是指新内容与旧内容的初始连接。新的内容被同化到现有的知识结构中。随着新知识被现有知识同化，现有知识做出了重新调整，顺应（accommodation）就逐渐发生了。戴维·鲁姆哈特和唐纳德·诺曼（David E. Rumelhart & Donald A. Norman, 1978）描述了三种类型的知识变化：(1) 添加（accretion）；(2) 微调（tuning）；(3) 重构（restructuring）。添加和微调是指随时间推移知识的增量。添加发生相对较快；微调则更为循序渐进，涉及以更简单的形式表达知识的方式。重构和皮亚杰提出的顺应一样，作为学习过程中的结果，是指先前知识的结构得以永久性地重新设计。例如，一个学生可能已有关于月球和潮汐之间关系的知识结构，但只涉及地球和月球之间的距离。然而，经过教师一系列特别明确的直导教学课，学生重构了其知识结构，增加了地球倾斜和太阳引力等变量，由此彻底地改变了其知识结构中变量之间因果关系的数量和类型。

以下要素对出现在各种类型的课中的教学策略而言，都很重要。

要素15：预习

预习（previewing）可以让学生大致了解老师将要讲述的内容。从认知角度讲，预习策略有助于激活学生的先前知识。尽管这种策略在直导教学课中很常见，但其同样适用于练习拓展课以及知识应用课。每当面临大量新内容时，建议教师帮助激活学生先前的知识。与该要素相关的具体策略见表 6.1。

表 6.1 预习策略

策　略	描　述
信息挂钩	老师用活动来激发学生对课程内容的兴趣。这些活动可能包括轶事、视频剪辑、音频剪辑、报纸头条，以及其他简短、吸引眼球的媒体来引起学生的注意。
摇铃	顾名思义，摇铃是课堂刚开始或者还没有开始，学生马上就要参与到课堂时的一项活动。例如，教师要让学生回答黑板上写的一个简单问题。
你认为自己知道什么？	教师让学生写下各自对即将要学的话题已经了解了哪些内容。每个学生写下一份个人清单后，教师让学生两人一组讨论他们先前的知识和想法。最后，让每组分享各自的清单，教师再创建出一份关于全班已知内容的清单。
梳理关系	教师通过简单解释学生之前学过的内容与新内容之间的关系，来帮助学生梳理其中的关系。
预览问题	教师就即将要学的内容提出问题，以激发学生的好奇心，激活其先前的知识。
教师简短小结	教师在介绍新内容之前，向学生以口头或书面形式总结该内容。并将即将要学的内容与过去的内容相联系。
略读	教师通过教学生查看主要的章节标题和副标题，分析这些标题，找出文章中的主要观点和重要概念，来帮助学生略读书面资料。
教师备课笔记	教师向学生介绍新内容之前，先提供内容的大纲。
已学—想学—学会策略	在展示新内容之前，教师采用已学—想学—学会（K－W－L）策略。K－W－L 的字母代表"已学，想学，学会（know, want to know, and learned）"。
先行组织者	教师创建一个可视化表征或图形组织者，以展示新内容的结构和组织，并说明新内容如何与以前课上学过内容之间的联系。

续表

策　略	描　述
预期指导	在呈现新内容之前，教师会让学生就一系列与即将要学的知识相关的陈述作出回应。学生对这些陈述作出回应后，教师在课堂上就学生的回应进行讨论。
词汇"冲浪"	教师准备大量与新内容相关的词汇以及它们的描述词，然后呈现给学生。学生尝试将这些词汇分成对他们有意义的类别。
预评估	在介绍新内容之前，教师对学生进行预评估。预评估让学生接触到即将要学内容中的最重要的信息。教师可利用预评估结果来了解哪些学生拥有大量关于即将要学内容的先前知识，哪些学生没有。

来源：改编自 Marzano Research，2016z。

表 6.1 中的一些策略非常简单，可以在很短的时间内完成。例如，梳理联系策略仅仅是让教师提醒学生，他们将要面对的新知识与之前学过的内容相关。例如，在观看可汗学院（www.khanacademy.org）上的渗透过程之前，教师会提醒学生马上要看到的东西与他们上次做的实验相同，其中泥土作为过滤器来过滤水。

而其他有些策略可扩展到一整节课。众所周知的 K—W—L（已学，想学，学会）策略就是这种情况。在课堂开始之初，学生确定自己所知道的有关该主题的重点内容是什么。然后确定自己想知道什么。在课堂结尾，他们说明自己学到了什么。除了新知识外，学生也可能会在课堂开始之初确定自己已知的内容中的错误观念。

如果以上策略实施达到了预期效果，那么教师将在学生身上观察到如下一些行为表现：

◇学生可以解释自己正在学习的内容与他们先前知识之间的联系。

◇学生进行简单的总结活动。

◇学生可以预测自己的期望。

要素 16：突出关键信息

突出关键信息的策略涉及教师指出自己在课上讲的内容中哪些是重要的，哪些是不太重要的。之所以需要这一策略是因为学校总是向学生传递无数的输入性信息，哪怕只是在一节课的范围内也是如此。学生听到教师和其他同学在谈课文。他们自己阅读课文，看描述内容的图片，观察课堂演示，等等。但是，并非所有这些信息都同样重要。本要素中的不同策略可帮助学生关注最重要的内容。

表 6.2 突出关键信息

策　略	描　述
复述最重要的内容	只要有机会，教师应不断重复课时或单元中的重要信息。重复不仅能确定哪些信息至关重要，而且还有助于学生记住这些信息。
针对关键信息提问	教师提出一些能提醒学生以前学过的内容，并能强调当前内容中重要部分的问题。
进行可视化活动	教师使用故事板、图形组织者和图片来突出关键信息，帮助学生创建信息的心理图像，促进学生理解和回忆。
进行讲述活动	教师使用故事帮助学生记忆信息，并向学生传达哪些信息是重要的。一个故事的讲述结构对于突出不同事件或信息片段之间的重要关系也特别有用。
使用声调、手势和身体姿势	教师利用声调、手势和身体姿势来强调重要的信息。
使用暂停时间	教师在介绍新内容的过程中暂停以突出重点。在呈现信息时使用暂停有助于确保学生有足够的机会接收和处理内容。
确定关键性输入经验	教师指出那些涉及关键信息的经验。关键性输入经验（critical-input experiences）为学生引入重要的新内容，对提高学生的学习能力至关重要。教师在规划这些经验时需要特别注意。
使用显性教学传递关键信息	教师使用简单明了的语言来确定和传达关键内容，并放慢节奏以使学生有足够的时间处理信息。
开展戏剧化教学传递关键信息	教师要求学生参与传达关键内容的戏剧活动。戏剧活动可包括小品和角色扮演、手势和其他身体动作等。

续表

策略	描述
使用先行组织者提示关键内容	教师为学生设计可确定和预览关键内容的先行组织者。先行组织者可以是任何东西，如从简单的口头提示到课堂表格，再到内容的描述性隐喻。
使用学生已知内容提示关键内容	教师使用学生已经知道的信息来解释关键内容。具体来说，教师向学生提供了新知识的每个关键方面与旧知识之间的联系。

来源：改编自 Marzano Research, 2016q。

表 6.2 中的有些策略非常微妙。在这里，教师通过夸大自己的声音、手势和身体姿势来引起学生对特定内容的注意。例如，当为学生阅读讲解新信息时，教师可能在那些对理解主题非常重要的部分提高音量。利用手势时，教师可能会规定一个信号，例如举起手来，指明学生正在观看或聆听的内容涉及关键内容。对于身体姿势，教师可能会走到教室的某一特定区域以表示其正在展示重要的内容。一些策略需要更多的时间和结构。例如，戏剧化教学策略就是如此。此时教师为主题中的关键内容开发一项戏剧化活动。在一堂健康课上，讲解有关如何拒绝不合理交往的技能，教师可以尝试采用表演性的场景。在突出关键信息要素中共有 11 种策略，教师可用来实现帮助学生关注重点内容的目标，但不要过度使用任何一种策略。

如果以上策略实施达到了预期效果，那么教师将在学生身上观察到如下一些行为表现：

◇学生能描述特定内容的重要程度。

◇学生能解释为什么某些特定内容很重要。

◇当老师介绍重要的内容时，学生能明显地调整其注意力水平。

要素 17：复习相关内容

复习策略让学生有机会回顾他们之前学到的知识。这样做形成了一个循环，它不仅能帮助学生回忆内容，还能改变他们的思维。该要素的具体策略见表 6.3。

表 6.3 复习策略

策　略	描　述
阶段复习	教师不仅对当前单元的内容进行复习，还帮助学生将其与以前的单元内容联系起来。学生识别和纠正他们之前所持的错误观念并形成新的结论。
"完形"活动	教师给学生提供之前学过的但是部分信息缺失的内容，并要求他们补全缺失的部分。
总结	为了复习以前学过的内容，教师让全班简要讨论他们记得的信息，或者简短总结以发现重要的信息。教师既可以帮学生做总结，也可以让学生自己准备总结以作为讨论的基础。
呈现问题	教师向学生呈现一个问题，要求他们利用以前学过的知识来解决这个问题。
演示	教师要求学生使用以前学过的信息或程序演示问题或过程。
简单的测试和训练	教师要求学生完成一项测试或训练，以帮助他们记住并应用之前学过的内容。通过测试或训练，学生实际上就复习了他们本来记得的或者是应用不当的信息。
提问	教师提出一些要求学生回忆、识别或应用他们以前学过内容的问题。这些问题可能也需要学生根据现有信息做出推断或决定。
配对笔记	在学生在学习笔记中找到并写下一个特定的主题的信息之后，教师让他们带着自己的笔记本起身去找一个同伴。两个学生比较各自的学习笔记上记录的内容。

来源：改编自 Marzano Research, 2016ii。

表 6.3 中的一些策略是相对间接的复习内容的方式。如，提问作为一项复习策略。为了复习之前学过的有关几何概念领域的内容，教师在上课之初让学生回答两三个有关该概念的问题。而有些策略相当直接，只是持续时间相对较短。例如，教师对自己之前讲过的内容进行总结以获取其中的重要信息。教师在课堂开始时阅读这些总结，或者发给学生自己读。还有一些其他的策略涉及学生合作。例如，配对笔记策略涉及学生成对学习。每对学生展示之前学过的有关某主题的笔记（通常记录在笔记本上）。每个成员通过查看同伴的笔记获取一些新的见解，

并且通过分享自己写的内容提供新的见解。

"阶段复习"（cumulative review）是一种典型的复习技巧，它可分为四个步骤。

1. 在一个单元或一组课时结束之后，学生们记录关键内容。

2. 在下一单元或相关课时结束之后，学生记录关键内容。另外，学生根据学到的新内容，找出他们现在意识到的以前对内容的误解。学生也可以根据新旧内容对比得出结论。

3. 学生对每一新单元或一组课时重复第二步的步骤。

4. 学生定期列出之前的单元或课时中得出的结论，并创建一个或多个全面的结论。

阶段复习是一个强有力的策略，当在整个学年过程中采用时，应确保内容对学生来说是新鲜的。

如果以上策略实施达到了预期效果，那么教师将在学生身上观察到如下一些行为表现：

◇学生能描述自己以前对内容的理解。

◇学生正在反思他们以前学到的内容。

◇学生就以前学过的内容进行提问。

要素 18：完善知识

完善知识（revising knowledge）策略为学生提供了改变、增加和删除他们之前所学知识的具体机会。当然，这正是皮亚杰（Piaget，1971）所指的"顺应"，以及鲁姆哈特和诺曼（Rumelhart and Norman，1981）所指的"重构"。该要素的具体策略见表 6.4。

表 6.4　完善知识

策　略	描　述
学习笔记本记录	经过一段关键性输入体验，或小组合作、知识加工、检查和纠正了家庭作业之后，教师让学生在自己的笔记本中记下新的内容。在一个单元或相关单元的学习过程中，学生要重新检查笔记本，以更正误差或者补充信息。

续表

策　略	描　述
复习学习笔记本	教师让学生使用学习笔记来确定重要的词汇术语、主要观点和概念、结论以及他们应该顺利通过考试或测验的其他信息。
同伴反馈	教师让学生交流学习笔记本，并书面回复对方表达意见。
作业订正	教师就学生的作业提供反馈意见并予以返还。允许学生根据反馈订正作业并重新提交，以获得一个更高的分数。
五项基本过程	教师指导学生使用五项基本过程来完善知识：(1) 回顾之前对内容的理解；(2) 识别和纠正其中的错误；(3) 找出知识中的缺口，并补充完整；(4) 决定修改先前知识的哪个地方；(5) 解释修改背后的原因。
图示符号	教师指导学生使用图示符号来完善知识。图示符号是在修改学习笔记时突出信息和理解上变化的一些简写方式。
写作工具	教师指导学生通过使用写作工具修改知识。写作工具包括摘要、结语、速写、句干和学生生成的评估等活动。

来源：改编自 Marzano Research, 2016jj。

表 6.4 中的一整套策略向教师提供了促进学生仔细修正知识的各种方法。例如，"五项基本过程"策略向学生介绍了完善知识的五个步骤：

1. 复习知识。
2. 查明和纠正任何错误。
3. 查明和补充任何缺漏。
4. 决定对原有知识哪些地方进行改进。
5. 说明理由。

作业订正策略是专门为学生开发的。它包括以下成分：

◇检查错误。

◇检查清晰度。

◇检查结构。

◇完整检查。

学习笔记本记录策略是学生完善知识的基本策略。如果该策略使用到位，学生会得出一份关于他们对主题最初理解以及随时间发生变化的动态记录。

如果以上策略实施达到了预期效果,那么教师将在学生身上观察到如下一些行为表现:

◇学生对以前学到的内容进行修改。

◇学生可以解释自己以前对内容的误解。

◇学生们对自己理解上的提升感到高兴。

要素 19:反思学习

反思学习(reflecting on learning)策略不仅要学生把注意力集中在内容上,而且要集中在作为学习者自己的身上。这样做有助于学生的思维高度元认知化。该要素的具体策略见表 6.5。

表 6.5 反思学习

策略	描述
反思日记	教师让学生用部分学习笔记来回答反思问题。这些问题可能会促使学生反思他们对当天课程的预测是否正确,课上的什么内容很容易或很难理解,对课堂学习的主要内容理解得怎么样,认为自己白天学得怎么样,或者他们认为自己白天本可以在什么地方做得更好。
观点日志	教师让学生反思课堂强调的具体认知技能(例如分类、推断、决策、创造性思维或自我调节)。
随堂测试	在课堂结束时,教师要求学生在离开教室之前,回答随堂小测验的具体反思问题。这些问题可能包括:今天课程的主要思想是什么?你觉得最确定和最不确定的地方是什么?你对今天的课有什么特别的问题吗?今天的课堂上,在哪些方面你是成功的?
知识比较	教师要求学生将他们关于某主题的当前知识水平与之前知识水平或能力水平进行比较。
双列笔记	教师让学生在课程结束时使用双列笔记作为延伸的反思活动。左列记录从课程中发现的有趣的事实或其他信息;右列记录对于左列事实或信息的反应、问题和扩展观点。

来源:改编自 Marzano Research, 2016hh。

表 6.5 中策略的隐含重点是帮助学生将学习过程理解为有赖于注意力和努力的过程。比如，随堂测试策略。教师可使用随堂小测验就课上的内容进行提问，但他们也可这样提问，如：

◇ "你能做些什么来改进自己的工作？"
◇ "你能做些什么来促进自己的学习？"

类似地，如知识比较策略。此时，学生参与到一个过程中，他们确定自己关于某特定主题学到的新内容，明了未来要如何改进自己的学习。

如果以上策略实施达到了预期效果，那么教师将在学生身上观察到如下一些行为表现：

◇学生能描述自己清楚什么，不清楚什么。
◇学生能描述自己的努力水平，以及他们的努力与学习之间的关系。
◇学生能描述自己可以做些什么来改进学习。

要素 20：精心布置家庭作业

家庭作业可能是基础教育课堂中最被误用的策略之一；它经常被看成是一项常规任务（参见 Marzano & Pickering，2007a，2007b，2007c）。正如该要素题目所示，教师必须精心布置家庭作业，这意味着他们只能在需要的时候布置。该要素的策略见表 6.6。

表 6.6 精心布置家庭作业

策　略	描　述
预习型作业	教师让学生阅读一段文字或观看视频，用来介绍学生将在课堂上学习的概念或想法。
深化知识型作业	教师让学生完成一项能帮助他们对有关内容的具体方面进行比较、对照或分类的任务。
练习过程或技能型作业	教师要求能独立执行过程或技能的学生，放手独立练习该过程或技能，以提高他们的熟练度、速度和准确度。

续表

策　略	描　述
家长评估型作业	教师向家长提供关于作业的具体指导。为帮助孩子完成家庭作业，家长或家庭成员会提出反思性问题，或者听取孩子对阅读材料进行口头总结。为帮助孩子提高技能或程序的流畅度，家长也可在他们执行一项具体技能或过程时进行计时。

来源：改编自 Marzano Research，2016ff。

教师可以而且应该把家庭作业作为一种预习的形式。例如，一份比较有用的家庭作业的内容是，让学生在教师课上介绍磁力话题的前一天晚上，阅读课本上关于这一话题的几页内容。当然，学生可以通过电子方式获取这些信息，前提是所有学生都可以在家里上网。家庭作业的其他合理用途包括帮助加深学生对知识的掌握，并练习技能和过程。

在布置作业时要考虑的一件重要事情是，制定出关于父母如何帮助孩子的具体指导办法。促进学习过程的家长帮助包括要求孩子总结自己从作业中学到的内容，并反思自身的努力水平。

如果以上策略实施达到了预期效果，那么教师将在学生身上观察到如下一些行为表现：

◇学生理解家庭作业的目的。
◇学生在作业布置后，为新学习做好准备。
◇学生在作业布置后，对知识的理解加深。
◇学生在作业布置后，提高了速度、准确度和熟练度。
◇学生报告说，完成家庭作业能帮助他们学习。

要素 21：精细加工知识

精细加工（elaboration）超越最初学习的内容。精细加工策略通常涉及问题线索的推论。此要素的策略如表 6.7 所示。

表 6.7　精细加工知识

策　略	描　述
一般推论性问题	教师使用两种一般推论性问题：（1）默认型；（2）推理型。默认型问题要求学生使用背景知识来回答问题。推理型问题要求学生提供得出具体答案的逻辑理由。
精细加工型问题	教师通过询问精细加工的问题来辨析学生的回答，这些问题促使学生反思自己的回答的本质和理由。教师询问："你为什么相信这是真实的？"以激发学生提供支持自己结论的证据。
问题序列	教师提出一系列细节、类别、细化和证据问题，以促进学生加深理解和认知。细节问题将识别并建立一个事实信息的基础，学生随后可用它来回答更深更复杂的问题。类别问题促使学生生成样本列表，并确定某一类别的重要特征。细化问题鼓励学生使用这些列表来形成主张和结论。证据问题使学生进行论证和评估，因为他们需找到证据来支持其主张，并修正结论，以排除在推理中存在的误解或错误。

来源：改编自 Marzano Research, 2016j。

在表 6.7 中的策略中，问题序列是最强大的。它要求教师计划四种类型的问题：（1）细节问题，（2）类别问题，（3）细化问题，（4）证据问题。该序列过程确保了学生从回答事实问题，转移到推论主题所属类别，再到生成和维护推论。

如果以上策略实施达到了预期效果，那么教师将在学生身上观察到如下一些行为表现：

◇学生自愿回答推论性问题。

◇学生能提供关于答案的解释。

◇学生认为教师的问题具有挑战性，但是很有帮助。

要素 22：组织学生互动

与所有类型课程相关的最后一个要素，包含如何以促进合作的方式组织学生进行互动。如果组织和实施得当，学生互动可以增强本章所有要素的影响。此要素的具体策略见表 6.8。

表 6.8 组织学生互动

策略	描述
积极加工型小组	教师将学生分成二到五人组,以加工新信息。这种小组的分配可以只是为了一个特定目的(如,专责小组),抑或是长期合作形式的。在任一情况下,小组都应该具有行为和交互的操作规则。
创建小组规范	为确保学生小组(尤其是长期小组)的正常运作,教师要求学生创建一组规范(集体态度和行为)。
鱼缸式演示	教师让学生围成一个圆圈("鱼缸"),演示有效的小组工作是什么样的。演示组可能会对诸如转述、暂停、澄清、提问、头脑风暴和使用尊重语言等行为进行示范。
岗位牌	教师使用岗位牌来指定学生在小组内的具体角色。工作包括主持人、总结者、提问者和记录员。
预定伙伴配对,组建专责小组	教师给学生一张空白图表,上面显示一个时钟(12 个空格,每个小时 1 个),季节(4 个空格)或另一个基于主题的空白图形。学生找到每个空格的合作伙伴,并在他们的图表上填写合作伙伴的名字。当教师想要快速组建专责小组时,会要求学生找到他们的"夏天"(或者例如"两点钟")的伙伴,学生们就会快速配成小组。
未分组学生的应急计划	教师为没有小组的学生指定一个会晤地点,然后帮助他们组队或加入现有小组。这有助于避免一些学生在自己选择小组时被遗漏。
使用预评估信息进行分组	进行了预评估之后,教师利用个别学生先前知识的相关信息,对学生进行分组。在某些情况下,老师可能希望将具有较高先备知识的学生和具有低先备知识的学生配对。
配对—检查	在四人组中,学生成对组成(每组一对),并指定谁是搭档 A,谁是搭档 B。使用一组练习、难题或问题,搭档 A 首先研究学习这些练习、难题或问题,搭档 B 在需要时进行指导,并在搭档 A 完成后表扬其工作。然后双人对换角色。
思考—配对—分享与思考—配对—组内交流	将学生成对分组后,教师提出一个问题。学生先在规定时间内单独思考这个问题。然后,每个学生分享各自的想法,成对讨论并得到一个共同的解决方案。教师再让两人组向全班分享他们的决定。

续表

策　略	描　述
学生比赛	教师将学生组队，然后在各种学习游戏中进行比赛。团队成员在每个单元之后重新组合，以确保学生有机会与各种其他学生合作。
内外圈	教师让学生围成两个同心圆，每个圆由相同数量的学生组成。内圈的学生面向外，外圈的学生面向内。教师问一个问题或展示一个难题，学生与各自对面的人讨论想法、答案和解决方案。
合作学习	教师在认知复杂的任务中组织和管理合作学习。具体包括：(1) 为小组和个人设计问责结构；(2) 提供持续的个别指导；(3) 明确指定所有组员的角色和职责；(4) 使用各种分组标准和分组结构。
同伴反馈组	教师让学生与同学合作，方便在复杂任务上给予和接收反馈。要为学生分配角色，使用评分量表或核对表来确保每个组员的相似标准。
同伴指导	教师请先学会的学生自愿帮助那些需要帮助的学生提升到下一水平。
结构化分组	教师设计和实施结构化的小组活动，这些活动既包括个人的，也包括团体的责任。个别小组成员在最终产品合作的同时还履行特定任务和责任。结构化的小组活动加深和扩展了学生对一个主题的理解。
反思学习小组	教师将学生分组以反思其学习进度。反思过程包括指导学生分享思考、相互鼓励，并确定学习进步的方法。

来源：改编自 Marzano Research，2016w。

表 6.8 的策略代表了教师可以组织学生并引导他们进行互动的多种方式，各自有不同的侧重点。因此，教师必须确定哪种互动策略最适合于当前的课时和内容类型。例如，同伴指导策略非常适用于有关陈述性知识的直导教学。同伴指导策略的主要特点是将已经理解内容的学生与还在努力理解的学生相匹配。假如直导教学课准备介绍有关市场经济这一话题的内容，教师就可计划这样的同伴指导策略，让已经掌握该概念的学生与还在努力掌握的学生合作。"预定伙伴配对组

建专责小组"策略非常适用于练习拓展学习课。该策略可在短时间内提供教师可采用的学生分组。如果一位教师让学生参与到一个知识拓展活动中,该活动涉及比较"翻转"和"滑动"两个几何运动过程,那么这位教师就可以很快地将学生分组来比较他们对该活动的反应。

如果以上策略实施达到了预期效果,那么教师将在学生身上观察到如下一些行为表现:

◇学生快速而有目的地进入小组。

◇学生之间互相尊重。

◇学生以加深理解的方式进行互动。

◇学生在小组中有效合作。

制订教学计划

关于在所有类型的课中使用策略的设计问题是,教师将采用什么策略来帮助学生不断地将新旧知识结合起来,并相应完善自己的理解?有关该设计领域的八个要素对这个整体设计问题提供了具体的指导。教师可轻松地将这些要素转化为更聚焦的计划问题。

要素 15:如何帮助学生预习新知识?

要素 16:如何突出关键信息?

要素 17:如何帮助学生复习旧知识?

要素 18:如何帮助学生完善知识?

要素 19:如何帮助学生反思学习?

要素 20:如何精心布置家庭作业?

要素 21:如何帮助学生精细加工知识?

要素 22:如何组织学生互动?

对该设计问题的规划需要平衡各个要素。理论上讲,教师可在每个直导教学课、练习拓展课和知识应用课使用本章所讨论的每一个要素,但这样做可能并不明智。这并不是说有些策略不应在每类课中使用。事实上,突出关键信息策略、精细加工策略和复习策略应该在每类课中都适当使用。教师有时会在特定课上使用其他要素。例如,教师最常将预习策略用于直导教学课中。组织策略很容易在各种类型的课中使用，但是也应该留出时间让学生独立学习。这些不同要素可以交错使用。例如，教师可以一天使用完善策略，另一天使用反思策略。

改革的启示

　　这一设计领域的主要变化是，教师应该把学习看作是学生不断更新知识的建构过程。这需要对内容进行反复接触。在课堂层面上，这意味着教师必须寻找并尊重学生在知识中所做的调整，但并非要盲目地接受学生所说的。相反，教师应该不断要求学生说明他们思维改变的原因。

　　例如，教师可能会注意到，个别学生学习笔记本的修正版本中仍然存在一些错误。教师要求学生解释他的想法，而不是再次纠正错误，教师在对话结束时会说："你已经进行了很好的思考，而且越来越接近正确答案。但是还有一些事情需要你再更深入地思考一下。"接着教师指出学生需要思考的具体内容。

　　如果老师运用得当，这种互动也是课堂上的一种文化转变，并且应该立即在课堂上可观察到的话语层次和类型中显现（Cazden，1986）。例如，一个旨在让学生不断将新旧知识结合起来并据此完善其理解的课堂，呈现了大量学生与学生、与老师的对话。这种互动过程最显著的变化是，不断复习回顾以前单元和课中的内容来启迪新课和单元中的内容。讨论侧重于以前的观念是如何改变的，以及新的问题是如何产生的。

　　我认为，将新旧知识结合起来并据此完善理解的动态过程，要作为基础教育教学中的一种正式形态，目前几乎没有见到。相反，教师通常花很少的时间或资源学习新内容，而是在学习新内容的同时，不断地对旧内容进行补充和修正。强调该设计领域可能会非常有利于促进学生的学习。

第七章　鼓励学生参与

正如我们在引论一章所讲述的，广义层面上的内容还包括教学过程中学生的心理准备情况。尤其对于那些即将要展开学习的学生来说，他们必须要拥有自己的学习需求，这种需求与能否积极参与学习、遵守规则、获得学习归属感和高效能期待感密切相关。

"参与"（engagement）可以说是心理准备的一种检验。这是一个常用的教育学术语，但现实中教育者们往往对这一术语的含义缺乏清晰的理解与共识（Marzano & Pickering, 2011）。为此，《新教学艺术与科学》将对教师所预期的学生的心理状态与过程进行剖析，从而作出解释。

> 能达到预期的心理状态与过程的参与策略指的是：学生能够聚精会神、精力充沛、好奇探究和斗志昂扬的特点。

也就是说，参与实际上可以分为四个组成部分：(1) 聚精会神，(2) 精力充沛；(3) 好奇探究，(4) 斗志昂扬。

在此基础上，接下来我们将介绍一些值得注意的，有助于促进学生积极参与的要素（策略）。

要素 23：提醒学生注意参与课堂学习

这一要素可以说是参与策略中最基础的一个部分，即教师要留心并对学生没有参与课堂学习的行为及时做出反应。如果教师没有及时注意到或没有采取合适的策略的话，那就很难继续维持学生的参与度于某一稳定的水平。执行这一要素可以采取多种形式，为此我们在表 7.1 中列举了一些合适的策略。

表 7.1 提醒学生注意参与课堂学习

策　略	描　述
动员学生个体积极参与	教师先大致观察一下班级中学生整体情况，并找出那些看起来课程参与度不太高的特殊学生。教师在小组教学以及布置个人课堂作业时有必要对这类学生进行积极动员。
动员所有学生积极参与	教师要对整个班级的参与水平有所把握。当教师在检测班级参与度时，需要评估的是班级整体对某项任务的专注程度，而不是聚焦于个别学生。
积极利用学生自我报告的参与度数据	教师定期地要求学生汇报参与水平。这种形式可以是非正式的，即要求学生当感受到自己积极性有所下降的时候举手告知或者是创设一个系统以让学生能够持续地进行自我汇报。
重新动员学生个体	一旦教师查明了那些积极性不高或对课堂内容没什么反应的同学，就有必要采取行动重新动员他们积极参与。
提升班级整体的参与度	如果教师注意到班级整体的积极性水平比较低，那就应该通过设计教学以采取某种措施来提升每个人的积极性。比如，教师可以邀请学生提建议。

来源：改编自 Marzano Research，2016v。

表 7.1 中所呈现的策略都要求关注即时的动态。即，教师要监控学生的参与度水平。如果学生参与度水平有减弱的倾向，那么教师就要做些什么。不难看出，这其中的很多策略都有提及要增强教师对参与度水平的关注度。举个例子，监控班级整体的参与度这一策略要求教师定期地评估学生整体的注意力水平。其他的一些策略则要求学生报告自我的参与度情况。例如利用学生自我报告的数据这一策略就要求学生向教师提供能表现自我参与度情况的明显线索，比如利用颜色卡来进行参与度等级标注。还有一些策略，如提升班级整体的参与度，是比较常用的一种策略。除此之外，重新动员学生个体这一策略则受到越来越多的关注。

如果以上策略实施达到了预期效果，那么教师将在学生身上观察到如下一些行为表现：

◇学生能够意识到教师在对他们的参与水平进行记录。

◇在适当的时机，学生会自己付出努力去提升自我的参与度。

◇当被询问时,学生能够理解并解释教师对他们高水平参与度的期待。

要素 24:增强学生反应率

增强反应率意味着提升学生的注意力水平。"反应率"(response rates)指的是有多少学生会回答教师提出的问题和询问。从表面上来看,问学生问题其实有点类似于"提示参与策略"(fail-safe engagement strategy)——即当学生在回答问题时,他们总是会关注到现在正在课堂里所发生的某一事实。然而,从班级整体的角度来说,询问问题其实并不能起到很大的动员作用,特别是当一个学生只能对某一问题提供一种答案的时候。也就是说,当某一学生被叫起来回答这一问题时,其他学生并不一定会同样关注这一问题。所以说,提升反应率的策略就需要尽可能地多动员学生去回答任一给出的问题。与这一要素相关的策略如表 7.2 所示。

表 7.2 增强反应率

策　略	描　述
随机点名	教师可以在不同的纸上或冰棒棍上写上学生的名字,然后将它们放在一个容器内。在向学生发问后,可以从容器中随机抽出一个名字,并请该学生回答问题。
手　势	针对那些答案仅含有限数字的问题,教师可以请学生非口头回答。举个例子,学生可以利用拇指朝上、拇指朝下,或拇指朝左(右)来表现自己对教师所讲述的内容的理解程度。
答题卡	教师可以请学生在一块小白板上(比如,$12\times12cm$)或聊天板上写上自己的答案,并同时一齐交给教师。
答复链	在一个学生回答完问题之后,教师开始请第二个学生来解释之前第一个学生的答案为什么是正确的,部分正确的或错误的。教师可以依次循环这一答复链。
组队答复	学生以组队的形式回答问题,教师在询问时同样也以组队为单位。既可以是一个组员来回答,也可以两人都参与回答。

续表

策略	描述
集体答复	教师需要先清晰精确地陈述一段关键信息，然后请班级同学以小组的形式来重复这一信息。这一策略的目标就是让重要信息在每个人记忆中都能留下"印记"。
等待时间	教师在抛出一个问题后至少要停顿三秒，同理，在不同的学生回答之间也要停顿三秒。
精细询问	在学生回答完之后，教师继续追问，"你怎么知道这一答案是正确的？"或"为什么是这样的呢？"。
多种类型的问题	教师可以使用多种类型的混合式问题，如回顾性问题（这类问题要求学生认知，回忆，并精确地使用已经教授的知识），分析性问题（这类问题要求学生将信息拆分，并决定哪一部分的信息对于解决问题来说是关键的），预测性问题（这类问题要求学生根据现有的描述信息或信息序列以及行为对接下来会发生的事件进行预测，并形成假设），评估类问题（这类问题要求学生使用量规来对某种事物进行评估和做出判断）。

来源：改编自 Marzano Research, 2016r。

表 7.2 中所呈现的部分策略是允许所有学生回答一个简单问题的。举个例子，答题卡这一策略就涉及班里的所有学生在一个微型手持式白板上写上答案，然后将答案呈现给老师。所有的学生都参与回答，因此，所有的学生都专心致志。从这个角度来说，有的策略所维持的注意力集中时间可能比较短。比如说，等待时间这一策略要求教师在询问完问题后以及要求学生回答问题之间停顿几秒。在这几秒的停顿中，教师在等待呼叫某一学生回答，而所有的学生则暗暗揣摩自己会不会被点名回答问题。另外一些策略，如答复链，则要求学生参与到其他学生的问题回答过程中，因为第二个回答的同学需要先说出同意或不同意第一个同学给出的答案，再讲出原因。

如果以上策略实施达到了预期效果，那么教师将在学生身上观察到如下一些行为表现：

◇绝大多数学生或整个班级的学生都会参与回答问题。

◇学生会关注其他学生所提供的问题。
◇学生会描述自己得出特定答案的思维过程。
◇学生能够意识到教师对他们得出正确答案的期待。

要素 25：利用身体运动

身体运动策略与学生的精力水平有着直接的关系。这一策略的影响从直观上看是肢体运动导致了精力显著增加。或许，也可以从生物学的角度来解释：运动会增加大脑的血液循环，从而刺激参与度（Marzano & Pickering, 2011）。与这一要素相关的策略如下表 7.3 所示。

表 7.3 利用身体运动

策略	描述
起立并伸展四肢	教师可以定期地请学生起立并做一些伸展运动。这一策略在学生需要调整并改变自己的注意力水平时会十分有效。
用脚投票	教师可以在教室的不同位置摆上不同的问题和答案标识，如判断题，多选题，或程度类问题（正确，部分正确，或完全正确）。学生则移动到相应的他们所认为的正确答案的位置。
角落活动	教师可以把班级同学分成四个小组，分别安置在教室的四个角落，并询问与关键内容相关的四个不同的问题。接下来，教师可以在每个小组安排一名记录员以总结学生对问题的不同意见。
站立并评估	教师向学生提供自我评估的量表，给予学生一定的时间进行思考，然后鼓励学生根据自己的情况来选择。比如，教师可能提供的是 1—4 的量规，其中数字 1 指的是"我无法理解这堂课所呈现的任何概念"，4 指的是"我清晰地理解这堂课所呈现的所有概念"。
肢体展示	教师请学生用肢体来展现他们所理解的重要概念或某一主题的关键层面（比如，如果是因果链就要按顺序以肢体运动来表现核心要素，又或是以肢体来表现词汇）。
开展戏剧相关的活动	教师可以请学生表演正在学习的内容，即将内容中的不同参与者角色表演出来。

来源：改编自 Marzano Research，2016pp。

表 7.3 所呈现的部分策略要求学生将身体运动融入到活动中,以此来帮助学生理解内容。举个例子,角落活动这一策略就要求学生在教室的四个角落分别展开学习活动。在每一个角落,学生学习并讨论与教师所提供的主题相关的信息。有的策略,如基础的反应率策略也包含了身体的运动。比如,在实施站立并评估这一策略时,就需要学生起立并进行自我评价,评估自我的理解水平是否达到了教师提供的量表的某一特定层级。利用身体运动的策略其实还能帮助学生创造内容的表征。举个例子,戏剧相关的活动就要求学生将内容的关键部分以戏剧的形式表演出来。

如果以上策略实施达到了预期效果,那么教师将在学生身上观察到如下一些行为表现:

◇ 学生积极地实施策略。
◇ 学生的精力水平显著提升。
◇ 学生可以解释身体运动是如何维持他们的兴趣并帮助他们学习的。

要素 26:保持有活力的节奏

这一策略尤其关注学生的精力水平,不过并不涉及教师让学生做的事情。换句话说,教师采取的行为对学生的精力水平有着间接的影响。与这一要素相关的策略如下表 7.4 所示。

表 7.4 保持有活力的节奏

策　略	描　述
教学分块	教师要确保教学与管理的每一个层面都是有计划有组织的,进行的节奏应是轻快的,布置的任务是不急促的,好玩的,展示的内容是新鲜的。在这过程中要注意加强学生对核心知识和技能的理解并给予操练机会,即让学生学会在新情景、团队组织、课堂作业以及迁移中利用知识。
节奏调控	教师需要根据学生的参与度需求加快或减慢课时的节奏。

续表

策　略	描　述
停问场	如果教师或学生在某一特定问题的答案上遇到了"疙瘩"或被"绊住了"，那么教师可以把这一问题写在黑板的某一处，并将这处作为"停问场"。教师和学生可以等到第二天大家都进行过思考且收集过信息之后再重新回到这一问题上。
动机钩	教师可以利用奇闻轶事，视频片段，新闻头条以及其他能够迅速吸引眼球的媒体材料来抓住学生的注意力。

来源：改编自 Marzano Research，2016t。

表7.4所呈现的策略需要教师做出很多方面的决策并采取行动。举个例子，教学分块这一策略就要求教师将课堂内组织的活动有效地分成不同的部分，包括课堂中的常规任务，家庭作业等，同时还应注意不同部分之间的过渡和转换。教师对这些不同类型的活动的组织越是完善，课堂教学就越能平稳而又快速地进行，也就是减少课堂中的停顿时间。

节奏调控指的是教师要根据学生的需求来调节课堂进度。有时候教师为了强调重点内容需要减慢节奏，而有时候由于这些内容对学生来说非常熟悉，所以就可以快速过一遍。节奏的变换要始终注意维持学生的积极性。

停问场策略允许学生先抛出问题，等到课堂最后或第二天再和教师一起探讨。这一策略的实施要确保课堂节奏的生动与活泼，但也要注意不要忽略学生个体提出的问题。

动机钩策略如名所示。这一策略能够快速地呈现内容中有高度吸引力的部分，从而捕捉并维持学生的兴趣。

如果以上策略实施达到了预期效果，那么教师将在学生身上观察到如下一些行为表现：

◇学生能够快速适应课堂活动的变化并重新投入新内容的学习。

◇学生所报告的课堂进度节奏既不会太快也不会太慢。

要素27：全情投入教学

与这一要素相关的策略尤其侧重于学生对内容的兴趣。从这个角度来说，这一要素更需要教师做出良好的努力和准备。如果教师所设计的教学内容既有一定强度又能充分激发学生的学习兴趣（热情），那么学生就更可能将学习内容视为有趣的，吸引人的。与这一要素相关的策略如下表7.5所示。

表7.5 全情投入教学

策　略	描　述
直接声明内容的重要性	为了帮助学生理解他们为什么要学习这一内容，教师可以在讲课中融入对内容重要性的解释。
外显联系	为了使内容变得更为有趣或便于学生理解，教师可以建立内容与外部世界相关事物的联系。
非语言表征	非语言表征采取的形式多为图示组织者，统计图表，流程图或关系图。教师可以使用这些可视化要素来增加学生对教学材料的兴趣，并帮助学生将那些原本不能清晰直观理解的内容建立可视化联系。
个人故事	教师可以讲述与课程内容相关的个人经历以便学生亲近理解。在讲述时，教师需要回忆自己过去的相似经历（故事），鉴别内容是否便于理解，或解释为什么这一内容能给自己带来如此特别的个人见解。
口头与非口头标识	教师可常利用音量与音调等口头标识，以语音来强调特殊词汇或段落，利用暂停来吸引学生的注意力和兴趣，通过语速调节来与学生沟通内容强度与兴趣点。
幽默	这一策略的使用取决于教师的个人魅力与教学风格，教师在调动学生对某一主题内容的热情时，可以放映有趣的卡通动画或视频，直接讲述自己准备的笑话，使用好玩的语言或音调，又或指出课本、电影、文章中一些荒诞的地方。
引用	教师可以引用额外内容来作为补充。引用的内容必须要与课程内容相关，教师在寻找引用时可以查找与内容相关的历史人物或主题。
电影与短片	教师可以利用电影片段，文档或新鲜故事来帮助学生获得内容理解的新视角，从而建立起内容与现实世界事件和情境之间的联系。

来源：改编自 Marzano Research, 2016f。

表 7.5 所呈现的策略均对教师的行为有着较高的要求。举个例子，旨在调动学生兴趣的口头与非口头标识的这一策略就包含了语速、语调、暂停、微笑、与学生眼神交流、鼓掌、拇指朝上、举手击掌等多种行为的反复变换。所有的这些行为最终都会向学生传达教师同样对内容充满兴趣的这一信息。

其他的一些策略则比较直接和具体。比如，个人故事就要求教师提供他个人与内容相关的轶事。当教师在回忆自己与内容之间的联系时，故事就会自然而然地生成了。

有些策略需要教师精心的准备与研究。举个例子，引用这一策略就需要教师去寻找并鉴别有价值的，与内容相关的历史故事与引文。而像实施幽默这类策略时，教师则要注意尽量表现得自然。

如果以上策略实施达到了预期效果，那么教师将在学生身上观察到如下一些行为表现：

◇学生会说教师（和我们一样）喜欢内容并乐于教学。

◇学生的注意力水平会随着教师的兴趣与热情度提升而提升。

要素 28：呈现不寻常的信息

这一要素的策略都旨在刺激学生对内容的好奇心。不寻常的信息总是能吸引好奇心和关注度。这一点不难理解，因为人类的大脑是在一个有序整洁的，良好结构的"信息口袋"中组织知识的，而当我们经历或学习了一些不能简单放入其中任何一个口袋的知识的时候，我们就会产生好奇心（Marzano & Pickering, 2011）。这就是不寻常的信息的力量——简单定义一下，所谓不寻常的信息，指的就是超出我们平常对某事或某人认知的信息。与这一要素相关的策略如下表 7.6 所示。

表 7.6 呈现不寻常的信息

策　略	描　述
教师呈现的信息	教师可以呈现不寻常的或吸引眼球的信息来捕捉学生的注意力。与内容相关的事实是最好的，不过任何不寻常的信息都可以吸引学生的注意力。

续表

策略	描述
网络查询	教师可以让学生自行使用网络来查找与学习内容相关的那些隐秘且有趣的事实与观点。
快报	教师可以让学生分享关于某一特定主题的最不可思议（真实的）的信息。为了使用这一策略，教师必须要给予学生充分的时间去搜寻与主题相关的信息。
信不信由你	教师需要帮助学生创设一个电子数据库以收集与学习内容相关的不寻常信息或鲜为人知的信息。这一策略可以从第一年延续到第二年，当每一个班级在阅读之前班级收集到的信息时，可以纠正错误概念，并增添新的不寻常的信息。
历史文档	教师可以让学生搜寻与学习内容相关的历史观点。
特邀嘉宾与第一手资讯	教师可以请一些嘉宾来分享他们与学习内容相关的职业经历。

来源：改编自 Marzano Research，2016y。

表7.6所呈现的策略要求教师能够提供不寻常的信息。举个例子，在第一条策略中，教师需要利用多种信息渠道来查找鉴别与课堂内容相关的有趣的事实信息。具体来说，在学习欧内斯特·海明威（Ernest Hemingway）的这一单元中，教师需要查找一些著名作家的传记信息以及趣闻轶事，比如海明威的父母曾在海明威的童年时期把他装扮成女孩。教师可以与学生分享并讨论这些有趣的事实。其他的一些策略则要求学生自己提供不寻常的信息。比如，快报这一策略的实施就可能需要学生在课堂上当场查找并分享与内容相关的新鲜有趣的信息。另外，有一些策略则还涉及群体同伴的参与。举个例子，针对表7.6的最后一条策略，教师需要寻找可以分享不寻常信息的当地演讲嘉宾。具体来说，在海明威的这一单元，教师就可以请毕业论文写过海明威的校友学生来分享信息。

如果以上策略实施达到了预期效果，那么教师将在学生身上观察到如下一些行为表现：

◇随着不寻常信息的出现，学生的参与度会有所提升。

◇学生可以解释不寻常信息是如何使内容变得有趣的。

◇学生会询问有关不寻常信息的问题。

要素 29：运用友好论辩

这一要素的策略能够刺激学生的好奇心和兴趣。这是论辩所产生的自然结果。当我们与他人意见不同时，我们往往是情绪高昂的。然而，由于论辩容易带动情绪，因而参与者往往都会变得争强好胜。当这一现象发生时，论辩就很难发挥其扩展知识的积极作用。从这个角度来说，如果个体之间的论辩遵循一定礼仪规则，那么就能增加个体所拥有的知识，尤其是与主题相关的知识——这种论辩形式可称为"友好论辩"。与这一要素相关的策略如下表 7.7 所示。

表 7.7　运用友好论辩

策　略	描　述
友好论辩	当学生之间的意见有分歧时，教师可以让学生解释并捍卫自己的立场。当然，前提是要让学生在进行友好论辩时遵守特定的规则与指导。规则能够确保学生的意见与立场自由，尊重并允许每个人发表自己的意见。
班级投票	教师可以让学生为某一特定事件投票。在投票前后，学生都需要讨论并确定自己的立场，在最终讨论结束后，学生需要再次进行投票。
研讨会	教师可以将学生分成小组，并让他们对课程内容相关的某一主题或核心事件中的文本、视频材料或其他一些能充分代表观点的资源进行探讨。在小组讨论结束后，班级整体再一起进行讨论。在这过程中，所有的小组可能查找的是同一资料来源或每一个小组都可能对同一个主题有着不同的见解。
专家意见	教师可以让学生去寻找专家对于某一特定事件或主题的意见及反向观点。之后在课堂上再组织学生讨论众多观点的特性以及特定专家的观点、立场、所持证据的有效性。
反向观点	教师可以让学生查找与自己同意或支持的观点相反的意见。
图表对比观点	教师可以让学生利用维恩图来对比多种观点。一般来说，图表中会出现观点大体一致以及观点分歧较大的不同区域。

续表

策略	描述
林肯—道格拉斯大辩论	教师可以就某一特定政策或事件选择两个队伍分别代表两方观点。一方为同意、支持政策或事件（积极派），而另一方为反对意见（消极派）。每一方都有机会能进行公开的辩论，亦能反复盘问对方，从而呈现辩驳局面。
市政厅会议	模仿市政厅会议的局面，教师可以安排多个派别代表不同的意见与观点，组织派别进行争论。
法律模式	教师可以让学生去学习一下美国最高法院判决是如何影响政策制定的。在下达判决前，最高法院都会从过去审理的案子中提取有意义的文本证据以作为观点和意见参考。

来源：改编自 Marzano Research，2016oo。

表 7.7 中的部分策略是短期就可以执行的。举个例子，像班级投票这类就不需要有太多提前规划。教师可以拿出一个容易让学生产生不同意见的事件，将事件的观点分成两个或更多的不同立场后，再组织学生进行班级投票。学生可以为自己最支持的立场或观点投上一票。在这过程中，为了增加一些身体运动，教师还可以让学生起立，走到教室中代表不同观点的位置处，在此展开观点攻防战。

其他的一些策略则需要教师做大量的准备工作。举个例子，林肯—道格拉斯大辩论有着特定的结构，因而需要教师在每个环节都做好准备。包括开场的辩论，双方的拉锯盘问，辩驳等。通常这一策略的事实需要辩论双方拥有充足的时间做前期准备。

如果以上策略实施达到了预期效果，那么教师将在学生身上观察到如下一些行为表现：

◇学生有准备地积极参与友好论辩活动。

◇学生在描述友好论辩活动时会使用"很带劲，真好玩，蛮有趣"等词汇。

◇学生能够解释友好论辩活动是如何帮助他们更好地理解学习内容的。

要素 30：运用学习游戏

对于绝大多数学生来说，游戏是最能带动参与的。游戏有着能够吸引他人的特殊结构。具体来讲，所有游戏都需要玩家去找寻一样丢失的或未知的东西，但是环境会提供给玩家线索，就好像一步步完成剧本一样（Marzano & Pickering, 2011）。举个例子，一款著名的游戏"看图说词"就遵循这一原则。某个词语或短语会显示一部分未知区域。此时，协助者手中的图就会为玩家提供线索，帮助玩家决策哪部分是未知的。与这一要素相关的策略如下表 7.8 所示。

表 7.8 运用学习游戏

策 略	描 述
问题是什么	教师可以创设一个基于内容的矩阵，并将分数（100，200，300，400，500）置于矩阵侧列。当然，教师也可以在每一个矩阵单元格中放入线索（单词、照片或两者的结合），难度越大的线索对应着越高的分数。
金字塔揭秘	教师可以创设一个类似金字塔结构的游戏板，将不同的内容和分数置于其中。接着，将学生进行分组，一组为线索提供者，另一组为猜谜者。线索组面朝着游戏板，而猜谜者则背对着游戏板。教师每次揭开游戏板上的其中一块内容。接着小组需要决定谁第一个回答金字塔上的问题。
滔滔不绝	教师需要准备一组卡片，每张卡片对应一个类型，并准备一组与类型相应的术语。接着，教师将学生分成小组，每个小组派一个成员作为讲话者。教师给每一组的讲话者一张卡片。接着，讲话者需要努力让他的小组成员快速描述卡片上的每一个单词。
教室论辩	教师至少要为班里的每一个同学准备一个问题。问题的类型可以是多选题、填空题或简短的陈述题。接着，教师将学生分成小组，小组成员轮流作为小组的回答者。教师将问题展示给回答者，回答者有 15 秒的时间和小组成员交流，并决定小组的答案。决定完毕后，再由回答者将小组答案汇报给老师。
哪个不合群？	教师将学生分成三个词汇小组，有两个词汇是相似意思的，而另一个则是完全不同的。教师每次给一组同学展示一个词汇。学生可以独立或在小组中与成员共同努力找出这个"不合群"的词汇，并写下为什么认为这个词汇是不同的。

续表

策略	描述
非正式竞争	教师可以利用任何一种非正式竞争（包括上述介绍的学习游戏）来提升学生的参与度。当小组竞争时，只是为了乐趣，而不会产生任何与输赢结果相关的积极或消极影响。
问题加游戏	教师可以将问题融入游戏中。具体来说，先将学生平均分成四组，在教师问完一个问题后，小组成员有一分钟时间一起讨论并要在答题卡上写上他们的答案。随着教师的信号，各个小组再一起举起答题卡。
单词回顾游戏	教师可以利用游戏来让学生回顾单词。

来源：改编自 Marzano Research, 2016nn。

表7.8所介绍的游戏都具有高参与度，为了能够有效促进学生的学习，教师必须要针对内容仔细设计。举个例子，第一个游戏其实就是美国著名智力问答电视节目"危机四伏"的翻版。虽然美国的这一电视节目所关注的知识范围十分广泛，但课堂版本的这一游戏就只需要聚焦于当前单元或之前单元学习的内容就可以了。因此，游戏可以成为很好的知识回顾活动。

如果以上策略实施达到了预期效果，那么教师将在学生身上观察到如下一些行为表现：

◇学生会热情地参与学习游戏。

◇学生可以描述游戏所聚焦的内容。

◇学生可以解释游戏是如何加强他们对内容的理解。

要素31：提供机会让学生述说

当所参与的活动允许谈论自己的事情时，学生会感到自己是受班级欢迎的。学生在谈论自己时会变得积极向上，这至少产生两种影响。第一，学生在听同伴分享故事时可能会受到鼓舞，从而去做一些他们以前从来没考虑过的事情。第二，当与他人分享自己的故事时，学生可能会产生更好的自我形象。与这一要素相关的策略如下表7.9所示。

表 7.9 提供机会让学生述说

策　略	描　　述
兴趣调查	在开学或学期的一开始，教师可以进行一次学生兴趣调查。调查需要尽可能地涵盖广泛的主题，如目标、个人或家族历史、与学习内容相关的已有知识或班级期待与愿望等。
学生学习档案	教师可以从学生这里收集他们喜欢的学习活动、学习风格（比如视觉的，听觉的，动觉的，分析的或实践的）、在哪种环境或条件下学得最好，喜欢用哪种方式表达自己（比如，书面，口头交流，肢体表达，媒体表达或其他）等一系列自我报告信息。
生活联系	教师在教学时间中有必要留空让学生探讨学习内容与自我经历、兴趣、习惯之间的联系。在这过程中，学生会常用类比法和隐喻法来分析解释内容与兴趣经历之间的异同。
课堂讨论中的非正式联系	教师需要熟悉学生的兴趣与个人经历。当课堂开始讨论某一主题时，教师便可以将内容与学生的已有知识、生活联系在一起。

来源：改编自 Marzano Research，2016cc。

表 7.9 中所呈现的策略需要教师做出很多决策。当机会来临时，教师便可以在课堂中利用非正式联系策略来作为课堂的过渡阶段。举个例子，学习多项式时，教师注意到有一名学生正在记录足球四分卫的比分情况。教师可以让学生为大家讲解一下用来计算比分的方程式，这样一来便可以自然地告诉其他学生这位同学所使用的等式就是多项式。生活联系这一策略与上述策略比较相似，旨在让学生找出课堂所学内容与自己感兴趣的事物之间的联系。比如，在学习健康细胞的结构时，有学生可能会将其与"进取号星舰"联系在一起，而另一名学生则会联想到一支获胜的足球队伍。学生会解释并为自己建立的联系而辩护。其他的一些策略则需要教师做更多的准备工作。举个例子，学生学习档案就需要教师花费大量的时间去了解学生的学习兴趣，再利用这些信息来设计更加亲近学生的教学。

如果以上策略实施达到了预期效果，那么教师将在学生身上观察到如下一些行为表现：

◇学生会积极参与那些能帮助他们建立个人兴趣与学习内容联系的活动。

◇学生能够解释内容与个人兴趣之间的联系如何使课堂变得更为有趣,且增强内容学习。

◇学生描述的课堂是更为亲民的。

要素 32：激励和鼓动学生

这一要素聚焦于提升学生的动机水平,并最终实现鼓舞学生的目标。当学生感受到自我实现以及当他们感受到与超越自我的某种事物之间建立了联系时,动机与激励的效果便会出现。"自我实现"(self-actualization)指的是学生感觉到自己越来越能成为自己想要成为的模样。"与超越自我的事物之间的联系"则指的是学生感受到自己在这一联系中拥有重要的地位。与这一要素相关的策略如表7.10 所示。

表 7.10 动员并鼓舞学生

策　略	描　述
设立学业目标	教师可以帮助学生确定他们在单元课程、学期或学年结束后想要实现的学业目标。在确定大目标之后,教师可协助学生鉴别具体的行动和更小的、更短期的分目标。如果短期目标实现了,那么再帮助学生攻克长期目标。
培养成长型思维	教师首先要理解卡罗尔·德威克(Carol Dweck, 2006)所提出的"成长型思维"这一概念。拥有成长型思维的人们相信自己能够通过努力工作来提升智力或能力。另一方面,那些认为思维是固定的人则会觉得智力是先天决定的,不可能被改变,与努力程度无关。教师需要向学生解释这一概念,并给予学生机会让他们分析自己的思维能够成长的程度。
可能的自我活动	教师要给学生提供机会,让他们去想象自己未来发展的模样。如果没有这一操作,学生可能无法认识到自己拥有的所有发展可能性,亦可能无法认识到他们可以突破限制或约束以实现各种可能的自我。
利己项目	教师可以利用利己项目来鼓励学生积极发展自我。为了要使利己项目取得成功,学生必须要选择他们自己真正感兴趣的主题。利己项目应与长远的人生或长期目标相关,而不是仅关联于学业内容。

续表

策略	描述
利他项目	利他项目鼓励学生积极建立与自我以外的事物之间的联系。教师可以让学生在他们感兴趣的群体中进行头脑风暴。在把所有项目列成一张列表后,教师既可以安排对相似项目感兴趣的学生为一组,亦可以全班从列表中选择一个项目来执行。在项目执行过程中,教师要提供帮助但注意不能包办代替,否则将剥夺学生的自主感。
感恩日记	教师可以利用感恩日记来帮助学生找出生活中有意义的积极事物。在介绍感恩日记时,教师首先应列举自己表示感恩的事物作为模板,将这些事物记录在教室中显眼的某处位置或写在自己的感恩日记中。接下来,学生可以进行头脑风暴,思考个人、小团队或班级值得感恩的事物,并将这些事物记录在自己的感恩日记中。
静修操练	静修(mindfulness)指的是留心自己的想法、感受、个人内部和外部世界的一种修行。为了例证何为静修,教师可以让学生在每节课开始之前在自己的笔记本上写下本节课的意图。之后,教师需要时不时地提醒学生回忆自己写的意图。除此以外,教师还应鼓励学生进行深呼吸,快速冥想或其他有助于他们关注自我思考的活动。
鼓舞人心的媒介	当某人观察到自我的想法是正确的证据时——一种个人希望世界成为自己所描绘的那样的信仰,鼓舞的作用就会发生。教师可以为学生讲述鼓舞人心的故事,并让学生讨论故事所例证的重要思想是什么。

来源:改编自 Marzano Research,2016u。

表 7.10 所呈现的部分策略与自我实现直接相关。这其中最明显的便是个人项目。在项目中,学生需要设置自己想要实现的长期目标。举个例子,某一学生设置的长期目标可能是在春天组建一支田径队,而另一名学生所设置的目标可能是进入常春藤名牌大学。教师在教学周中需要留出时间让所有的学生都能参与自己的项目。

有些策略则侧重于与超越自我的某种事物建立联系。举个例子,利他项目,如名所示,这些项目为学生提供帮助他人的机会。在某一学期中,教师可以让学生去寻找一个能够以某种方式帮助他人的项目。有的学生会在教堂做志愿者,而有的学生则可能会去帮助周边经济困难的家庭。学生需要定期汇报自己的项目情况并说明自己在参与中所学到的东西。

如果以上策略实施达到了预期效果,那么教师将在学生身上观察到如下一些行为表现:

◇学生能够设置长期目标并明确自己为了达成目标而应采取的步骤。

◇学生能够有意义地与群体伙伴合作。

◇学生会投入到自己觉得有意义的项目中去。

◇学生所描述的班级是"干劲十足的"或"鼓舞人心的"。

制订教学计划

在使用这些鼓励参与的策略时需要考虑一些问题,我应该用什么策略来吸引学生注意力,让他们能充满兴趣、好奇心并积极投入?在设计这十个要素时就相应地要考虑十个设计问题。换句话说,教师可以将这些要素转换成教学计划问题。

◇要素 23:我该做什么才能注意到学生什么时候参与性不高,并及时做出反应?

◇要素 24:我该做什么才能提升学生的反应率?

◇要素 25:我该做什么才能增加学生的身体运动?

◇要素 26:我该做什么才能保持一个有活力的节奏?

◇要素 27:我该做什么才能全情投入教学?

◇要素 28:我该做什么才能呈现不寻常的信息?

◇要素 29:我该做什么才能带动学生参与友好论辩?

◇要素 30:我该做什么才能鼓励学生参与学习游戏?

◇要素 31:我该做什么才能为学生提供机会述说自己?

◇要素 32:我该做什么才能激励和鼓动学生?

教学计划其实需要作出很多决策,教师需要决定自己在教学单元中是否需要使用所有的要素。值得一提的是,有一些要素是教师经常使用的,包括:

◇留心学生什么时候参与性不高,并及时做出反应

◇提升学生的反应率

◇利用身体运动

◇保持一个有活力的节奏

◇全情投入教学

如果使用其他要素可能会更加交错复杂。举个例子，有的教师可能打算在学年的开始就启动学生的长期项目，并让学生在接下来的这一学年中都致力于完成项目。而有的教师则打算在短学期中使用未来自我的策略。在学年的前四分之一的时间中，教师会为学生提供信息，安排活动以帮助学生理解未来可能的自我的这一概念。这一点十分重要，它会帮助学生为未来的活动建立坚实的动机基础。另外，还有的教师则可能在学年的尾声让学生参与利他项目。众多不同的教学单元意味着可以融入众多不同的策略。当教师在为某一单元进行规划时，他或她可以考虑的要素策略有友好论辩，学习游戏，呈现不寻常信息等，课堂需要根据内容匹配最佳的策略。

改革的启示

与这一设计领域相关的变革启示为：教师在使用不同类型的参与策略时，应加以区别。注意力可以说是参与中最基础的一个要求。这意味着学生能够注意到发生在班级中的活动，从而有所选择地参与其中。长期以来，这种类型的参与都是中小学教育者追求的目标。而注意力的上一层次则是积极性。课堂活动往往能带动学生的积极性。在我的经验中，这同样也是中小学教育的目标，然而根据课堂观察的调查结果，教师对这一目标的实现情况有着较大的差异性。从实际来看，课堂似乎更容易降低学生的积极性水平而不是提高。感兴趣可以说比积极性更高一个层次。一般来说，这是参与中最难实现的一个层次。感兴趣其实是教育者都希望实现的一种理想状态。在我的经验中，教师很难轻易地实现这种状态是因为实际的教学需要强调很多标准（如第一章所介绍的），并不会去刻意地激发学生的好奇心，而能激发学生更广泛的探索欲望的实际上只是很少的一部分主题。激励和鼓动则是参与的最高层次，因为这两种要素能让学生感到自我实现以及与超越自我的事物之间的联系。(详见 Marzano, Scott, Boogren, & Newcomb, 2017)。也许这正是"内在动机"(intrinsic motivation) 的操作性定义。

对参与的重视很显然会推动学校与课堂的创新。教育者会很乐意看到学生集中注意力的样子；这是值得挑战的目标，而接下来则要努力让学生的课堂变得比他们刚进入时更加有趣，激动人心。

第八章 贯彻规则/程序

人们常会有一种心理定势：有序而安全的课堂环境是有利于学习发生的。从这个角度来说，教师应通过良好设计的规则与程序来贯彻这一思路。

> 能达到预期的心理状态与过程的策略设计是：学生理解并遵循规则与程序

接下来我们就将介绍一些有助于活用规则与程序的要素（策略）。

要素33：建立规则与程序

这一要素的主要意义在于建立规则与程序。当然，这一操作主要实施于学年刚开始的时候，之后，教师可以根据实际情况不断地进行调整。与这一要素相关的策略如下表8.1所示。

表8.1 建立规则与程序

策略	描述
使用一组小的规则与程序	课堂规则与程序是建立高效的学习型社区的基础。教师要建立规则与程序的优先级，其中最重要的5—8条是每个班都必须严格遵守的。一般来说，教师在学年初始就应该建立班级通用的一般规则，接着再设计程序进行领域细化，比如适用于期初、期中、期末的程序，又或是适用于课堂过渡、教材和设备使用的程序。
向学生解释规则与程序	在学年或学期刚开始的时候，教师就必须要花费时间向学生解释所制定的每一条规则以及选择这些规则的原因。在双方都了解的情况下，教师和学生才可以创造针对性实施程序（如何操作）以作为规则的补充。而"如何操作"也常被称为"标准操作程序"或"SOPs"。

续表

策　略	描　述
与学生一起生成规则与程序	教师应拿出一部分课堂时间与学生一起设计规则与程序。也就是说，教师连同学生，整个班级都应为班级标准操作程序的设计而负责。
与学生一起调整规则与程序	教师应先向班级成员展示设计好的一般规则，接着可以让学生尝试操作，这一过程的目的在于让学生一起构思适用于每一规则的特定行为或程序。在这基础上，教师可以对照着规则，将学生生成的程序相应地记录下来，并将其张贴在教室中以作未来参考。
与学生一起回顾规则与程序	教师应定期地与学生一起回顾制定好的规则和程序。如果学生有无视或反抗这些规则和程序的表现，那么教师就应该集中所有学生的注意力，号召大家一起回顾并根据需要进行调整。
利用责任以及学校宗旨的表述	教师可以带领学生讨论自由、平等、责任、观点、权利等概念。在介绍、定义与讨论相关术语之后，教师便可以经常利用这些术语来描述并探讨课堂行为。
在教室中张贴规则	教师可以在教室中张贴规则，以可视化的方式来提醒学生要对自己的行为负责。值得一提的是，教师张贴规则的位置应是显眼的，即学生可以经常地，不费力地就能看到的位置；而针对特定领域或活动的规则与程序则应张贴在与领域、活动发生场所相近的位置。
编写一份班级公约或教室章程	教师应创建一份班级公约。这是一份非正式的协议——当学生在上面签字时，就意味着学生承诺自己会遵循教师与班级所制定的规则。班级公约或章程的内容应基于班级规则与程序，且学生应直接参与到编写过程当中。
利用海报和图表	教师应利用海报和图表来解释规则、程序以及特质要求。这将有助于学生在执行的同时更好地记住内容。海报和图表应强调某些特定规则和程序的重要性，还应指出某些（人格）特质会影响到班级功能的正常发挥（诚实、情感控制等等）。

续表

策略	描述
建立手势和象征	在教室中，教师与学生需要频繁地交流某些信息，比如"安静"或"我需要帮助"。对此，教师和学生可以合作建立能够快速有效交流这些信息的手势或象征。
榜样与角色扮演	教师可以让学生通过角色扮演来示范规则与程序。首先，教师可以把学生分成一些小组，接着每个小组分配一个教室规则或程序。一组需要创造一个小短剧来表现规则或程序的反例，而另一组则需要表演出规则的正确使用行为。
召开班级会议	班级会议是学生与教师共同讨论班级是如何运作以及如何让班级平稳运作的时机。教师与学生可以先提出与班级管理（包括规则与程序）相关的事宜，接下来可以让学生开展一定时间的口头讨论或让学生提出相关建议，并在会议中进行书面提交。
实施学生自我评估	教师需要定期让学生评估自我规则与程序实施的表现情况。为了进行这一操作，教师可以先简单地向学生呈现一下规则与程序，接着让学生根据自己对规则与程序的忠诚度来进行 0—4 的评分（0，不遵守；4，完全遵守）。

来源：改编自 Marzano Research, 2016l。

表 8.1 所呈现的策略需要教师重视规则与程序的建构。举个例子，第一条策略就旨在发挥规则与程序的管理功能，教师将原本庞大繁多的规则与程序简化至有限数量以便于实际操作和实施。一般来说，一个班级 5—8 条规则就足矣。

有的策略需要学生理解如何使用规则与程序，以及规则与程序的重要性。具体来讲，如向学生解释规则与程序这一条策略，需明白，学生盲目服从并不是规则与程序制定的目标，规则与程序的存在是为了让课堂环境能够变得更加安全有序，从而促进学习的发生。因此，向学生解释是第一步，学生必须要理解他们为什么要遵循这些规则与程序。

有的策略则旨在强化学生对规则与程序的主导感。举个例子，编写班级公约或章程这一条策略，在这里班级作为一个整体，由班级这一整体所写下的一系列行为的表述是大家都乐于接受的，而当公约上升至规则与程序，学生便更能下定决心从抵制的意念转变为遵循的意念。

如果以上策略实施达到了预期效果，那么教师将在学生身上观察到如下一些行为表现：

◇学生能够描述已建立的规则与程序。

◇学生所描述的课堂是一个有序的场所。

◇学生会约束自己的行为。

要素 34：合理安排教室物理布局

有的教师轻视教室的物理布局，而有的教师则会十分重视这一要素。在我们看来，重视这一要素绝对不是坏事，因为良好的教室物理布局以及外观有助于加强学生的秩序感。因此，与物理布局相联系的策略常常会强调装饰、材料、教学区域，以及教师可以掌控全局的难易感等。与这一要素相关的策略如表 8.2 所示。

表 8.2 合理安排教室的物理布局

策　略	描　述
设计教室装饰	教师可以张贴照片、海报，使用具有家庭感的装饰（如窗帘）或使用与季节相关的主题装饰，又或利用特定节日事件的装饰来增添教室的温馨感。值得注意的是，教师在设计教室装饰时要结合考虑学习目标与教学设计，以配合学生学习内容的价值与相关性。
展示学生成果	让学生能在教室里看到自己的展示（作品），这是很重要的。从这个角度来说，教师可以考虑如何在教室里展示学生的成果，以及如何通过展示加强学生的学习。教师既可以向全班指派同一个任务，亦可以针对不同学生分配不同价值意义的任务。
布置课堂材料	教师需要监管学习材料并确保学生可以随时使用并进行组织。因此，教师就需要考虑多样的课堂材料的摆放位置以及学生使用它们的不同频率。使用频度高的材料应摆放在容易拿取的地方，贴上标签以帮助学生能够快速独立地找到并使用。而使用频度不太高的材料则可以放在其他地方，当学生需要的时候由教师取出来交给学生。
摆放教师讲台	教师应该考虑讲台的摆放位置。讲台要能够方便教师在课堂中监控班级情况及展开班级教学。

续表

策　略	描　述
摆放学生课桌	教师应该考虑在班级整体教学、小组活动以及个人教学中是如何使用课桌的。学生课桌的摆放应能让学生清晰地听到、看到课堂，获取必要的学习材料，并能够在教室中快速而又安全地进行移动。
安排班级集体教学的区域	教师应考虑在进行班级集体教学时学生能否容易地获取那些需要频繁使用的学习材料。在这过程中，还需注意考虑教师进行教学和掌控班级的能力，学生听看以及理解的能力。
安排小组活动的区域	教师应该考虑教室中的哪些区域便于小组学生会面以及课桌摆放。教师可以专门创设一块空间，在这里既可以注意进行小组活动的学生，又能看到其他进行个人作业的学生。
布置学习中心	教师应该考虑学习中心的位置。学习中心应便于监控教室的各个位置，且靠近书籍、资源以及其他有助于完成学习任务的材料。
布置电脑和技术设备	许多教师都拥有自己的电脑或电脑区域以便学生使用。当教师在设计教室的物理布局时，需要考虑摆放技术设备的目的是什么，以及学生是如何使用的。
布置实验室设备和补给	很多科学教师都会考虑实验室设备的有效存放以及使用补给。在进行相关决策时，教师尤其要重视学生安全，考虑设备的存放、获取的难易度以及学生的使用问题。
布置教室图书角	教师可以在教室某处布置一个图书角以向学生个人、小组以及班级集体提供学习材料。教师在布置书架的时候，要优先考虑既能让学生轻易触及又不会产生安全事故。
邀请学生参与设计过程	教师可以邀请学生一起参与教室布局的设计过程。方式比较多样，比如教师可以请学生写下自己对教室装饰和组织的反馈，或在全班展开一次正式的想法调查。

来源：改编自 Marzano Research, 2016v。

表 8.2 所呈现的部分策略需要教师在设计物理布局时尽可能考虑学生的需求。举个例子，第一条策略，设计教室的装饰就需要教师通过积极使用颜色、照片、多样化装饰来使教室的外观看起来亲近学生。

许多策略十分强调教室的统筹性。举个例子，课桌摆放应能促进学生的学习，用于班级集体教学的空间与用于小组教学的空间应有所不同，并妥善安排。

有的策略能为学生提供发表意见和进行选择的机会。比如，邀请学生参与设计过程就确保学生在教室物理布局的设计问题上拥有一定的决策制定权。

如果以上策略实施达到了预期效果，那么教师将在学生身上观察到如下一些行为表现：

◇学生能轻易地在教室中移动。

◇学生可以利用学习材料和学习中心。

◇学生可以看到并使用教室中展示的他们的作品。

◇学生可以获取并利用公告栏上的信息。

◇学生很容易就能聚焦于教学。

要素 35：审时度势控全局

"审时度势"（withitness）一词取自于雅各布·库宁（Jacob Kounin，1970，1983）的创造，已成为了教育界中的常用术语。"审时度势"，是说教师应随时保持警觉并能注意到教室中正在发生的事情。这能帮助教师鉴别出可能破坏课堂的行为并提前采取措施以屏蔽这些行为带来的消极影响。与这一要素的相关策略如下表 8.3 所示。

表 8.3 审时度势把控全局

策　略	描　述
眼光具有前瞻性	教师应警觉教室中接下来有可能会发生的不好的事情或会带来破坏的事件，并提前采取行动以避免其发生。举个例子，教师可以提前找那些可能要搞破坏的学生进行私下谈话，创建能够应对各种可能在课堂中发生的事件的应急计划，而当教室外边发生了可能会影响学生行为的事件时，教师则应第一时间收集事件信息，稳住学生。
巡视统领整个班级	教师应经常与每个学生进行眼神交流以让学生了解教师正注意学生的行为，监控着整个班级。更进一步来说，教师还应花费时间走到教室的每一处，比如在教学和学生做作业时定期地在教室中走动。

续表

策　略	描　述
留心潜在问题	教师应提前鉴别并警觉那些有可能会演变成严重破坏行为的预兆现象。比如教师可能会看到某一小组的学生在活动时行为过于激烈或注意到有一些学生已经长时间没有参与过班级活动。针对这些现象，教师可以采取合适的行动去阻止潜在的破坏行为发生。
采取系列行动	当注意到破坏行为时，教师可以先与那些参与到行为中或主导行为发生的学生进行眼神接触。如果问题还在发生，教师可以站在学生身边，使用非口头暗示来提醒学生，让他们立刻停止不合适的行为并重新加入课堂学习。如果行为仍在持续，教师可以走到这些学生身边，悄悄地口头提醒他们。如果口头提醒还不奏效，那教师就要暂停一下，沉稳且有礼貌地纠正学生行为。

来源：改编自 Marzano Research，2016h。

把审时度势控全局看成是因人而异的先天能力，这并不正确。实施上，相较于说是素养，倒不如说这是一种行为更为合适。换句话说，只要某人从事类似于我们在表 8.3 中所列举的特定行为，就能"拥有"审时度势控全局的本领。具体来讲，这是教师所创造的一种学生视角，即教师能注意到在教室所发生的一切事情。一些简单的行为，比如目光浏览教室的各个位置或眼神观察所有学生等，都有助于培养这种视角。

表 8.3 所呈现的部分策略十分依赖教师对班级行为的注意水平。举个例子，第一条策略要求教师具有前瞻性眼光。在这里，教师需要系统地思考教室中的学生，尝试识别学生可能会产生的任何潜在需求，教师如果对学生需求视而不见，就有可能会导致学生行为出格。而采取系列行动的策略则要求教师能提前甄别出可能会发生的破坏行为。如果潜在的破坏行为并没有停止，教师可以采取正确行为进行干预，视情况严重程度也可以停止教学，在课堂中公开地处理这一问题。

如果以上策略实施达到了预期效果，那么教师将在学生身上观察到如下一些行为表现：

◇学生能注意到教师正在观察他们的行为。

◇学生所描述的教师是能注意到教室中所发生一切的人。

◇学生能快速有效地停止自己的潜在破坏行为。

要素 36：鼓励遵守规则和程序

遵循还是不遵循规则与程序，这是学生要做的决定。当学生决定要遵循，教师应该给予认可和鼓励。教师的认可不仅有助于强化学生积极的行为，更表示了教师对学生的一种感谢。与这一要素相关的策略如表 8.4 所示。

表 8.4 鼓励遵守规则和程序

策 略	描 述
口头肯定	教师应该使用如"谢谢""做得好""不错"或"非常好"等简短的口头肯定语来鼓励学生遵守规则和程序。除此以外，教师也可以与学生进行简短的对话来表示对学生的赞赏。
非口头肯定	教师可以使用微笑、眨眼、点头、竖拇指或 OK 手势（大拇指朝上），亦可以轻抚学生头部，轻拍背部或击掌等来表示鼓励学生遵循规则和程序。
有形认可	教师可以以优先权利、活动或物件来奖励那些主动遵循规则和程序的学生。
象征性酬赏制	教师可以利用代币、代金券（凭单）或积分点等来作为学生表现预期行为的奖励。学生可以利用这些象征性的酬赏来兑换一些权利、活动或实物。
日常评分表	教师可以在学期刚开始设置一个需要学生完成的任务，并分配给每个学生相同的起始分（比如，每人 20 分。4 分为遵守规矩分；4 分为任务准备分；4 分为任务表现分；4 分为任务态度分；4 分为任务完成分）。如果学生没有达到某方面特定的要求，教师就扣除相应部分的分数。
颜色编码行为	教师可以给予每个学生三张卡片（红色＝不能接受的行为，黄色＝特定条件下可以接受的行为，绿色＝鼓励规则与程序认可的行为），让学生摆放在课堂前端。每天一早从绿色卡片开始，如果学生的行为触犯了规则，教师就会更换其他颜色的卡片来提醒学生及时调整不合适的行为。

续表

策　略	描　述
证书	教师可以使用荣誉证书来增加父母对学校事务的参与，以及对孩子在校行为的关注。举个例子，当某学生在校帮助了其他学生，就给予该学生一张证书以赞赏他的乐于助人。
电话、邮件、留言提醒	教师可以采用电话、发送邮件或留言等方式与学生的家长或监护人进行交流，适时表扬学生的积极行为。

来源：改编自 Marzano Research, 2016a。

表 8.4 中所呈现的一些策略旨在以最简单的方式表达教师的认可。举个例子，口头与非口头认可就是一种非常直接的表达鼓励的策略，当教师说"谢谢"时就能很好地向学生传递对遵循规则和程序的这种行为的赞赏。

有的策略则更为具体，比如日常行为表格或行为证书等。有的教师可能会错误地将象征性酬赏制策略的重点放在奖励上，因为学生需要筹集分数来换奖励。而实际上，这一策略应将重点放在培养学生养成积极的行为习惯上。分数只是学生行为成长的一种象征而不是奖励的代表。

如果以上策略实施达到了预期效果，那么教师将在学生身上观察到如下一些行为表现：

◇学生对教师的认可感到喜悦。

◇学生所描述的教师是能够注意到他们良好行为的人。

◇学生总是会积极地遵循规则与程序。

要素 37：制止不遵守规则和程序的行为

就像应该鼓励学生遵循规则和程序的决定一样，教师也应该在一定范围和条件下制止学生不遵循规则和程序的行为。这种制止最好是学生不会随之遭受形式上的惩罚。与这一要素相关的策略如表 8.5 所示。

表 8.5 制止不遵守规则和程序的行为

策 略	描 述
口头提示	教师可以小声叫学生的名字，提醒他或她现在没有遵守规则或程序，轻轻地告诉学生合适的行为是什么，或简单地告诉学生应停止现有行为。
刻意的停顿	教师可以一时停止教学来纠正学生的破坏行为，创设一种不自然的沉默气氛来让学生理解自己的行为是不合适的。
暂停	教师可以让不听话的学生在指定位置站着（教室内或教室外），直到该学生停止不合适的行为重新回到正常的课堂活动中去。一般来说，教师可以使用连续的三步骤来暂停学生的行为：(1) 提醒；(2) 站到教室里指定位置，学生仍然可以继续参与课堂活动；(3) 站到教室外面。
重度矫正	教师要求那些行为恶劣的学生矫正自己的行为以阻止破坏行为的发生。如果学生损害了教室财产，那么就要负责修复损坏的物件并额外补偿。
群体关联性	如果班级里的每个学生都达到了一定的行为标准，那么教师就应该给予全班同学积极的反馈。教师可以利用这种群体关联性来强化积极的集体行为，压制消极的集体行为。
家庭关联性	为了让个别学生接受来自教师、家长或监护人对他或她课堂行为纠正的帮助，教师需要与学生、家长或监护人进行会面，共同识别并探讨学生在班级中的不合适的表现行为。
高强度的情境计划	教师需要制定针对高强度情境的计划。计划应包括对情境严重性的评估，保持冷静，积极倾听学生的想法，将学生移动至自己拥有一定掌控权的环境中去。
准备全方位的管理计划	教师应创设一套全方位的计划以处理各种需要纠正纪律的情境。计划应包括发展与学生的良好关系，展现全观察，向学生解释积极与消极行为的影响，设立处理高强度情境的指导原则。

来源：改编自 Marzano Research，2016b。

表 8.5 所呈现的部分策略十分重视对学生的提醒。举个例子，口头与非口头提示策略就旨在让学生了解自己的行为在何时是不合适的。有的策略会涉及不合

适行为的影响。比方说，暂停策略就会一时将那些不遵守规则和程序的问题学生从其他学生中分离出来。而有的策略则需要来自其他学生的支持和积极关注。比如，集体关联性策略通过将学生组织在一个团队中从而让每一个学生为自己的良好行为负责。

如果以上策略实施达到了预期效果，那么教师将在学生身上观察到如下一些行为表现：

◇学生会听从教师的提醒而停止自己不合适的行为。

◇当课堂开始时，学生会接受自己的行为是维护课堂秩序的一部分。

◇学生所描述的教师是"公平的"，即教师会公平地处理所有不遵循规则和程序的行为。

制订教学计划

在设计规则和程序的实施时，教师需要考虑：我该使用什么策略来帮助学生理解并主动遵循规则和程序？上述介绍的五个要素能为这一设计问题提供细致的指导，教师可以将这些要素转换为以下几个计划问题。

◇要素33：我该做什么才能建立规则和程序？

◇要素34：我该做什么才能让教室的物理布局变得有助于学习发生？

◇要素35：我该做什么才能做到审时度势控全局？

◇要素36：我该做什么才能表现出鼓励遵循规则和程序的行为？

◇要素37：我该做什么才能表现出制止不遵循规则和程序的行为？

在考虑如何才能高效地使用程序和规则时，可以从以上5个要素转换后的问题入手。这些问题表达得都比较直观。教师首先应在学年刚开始的时候与学生一起建立规则和程序。同时，教师必须要决定好如何处理教室的物理布局。接下来，随着时间和情况的推移，教师应及时更新规则和程序以及教室的布局。而审时度势控全局，鼓励遵守规则和程序以及制止不遵守规则和程序的行为等策略，也许在刚开始设计的时候内容并没有那么全面，但只要教师尝试持续利用，那么，一方面有助于策略内容的完善，另一方面有助于监控学生的行为并不断精炼规则和程序。

改革的启示

规则和程序是中小学教育的一个重点。从表面上看起来似乎没办法对这块内容作出什么调整或改变。但实际上，这一领域迫切需要进行方向性转变，即将注意力从教师身上转移到学生的需求上。教师虽然是提出规则的人，班级学生必须要遵守，但是学生也应成为规则和程序的建构者。这一思想在"标准操作程序"（standard operating procedures）中尤为明显。教师需要向学生解释规则和程序，并且与学生合作生成规则和程序（详见图8.1）。具体来讲，图8.1就是一个完整的标准操作程序，它呈现了当学生缺席某一节课时可能会遭受的损失。

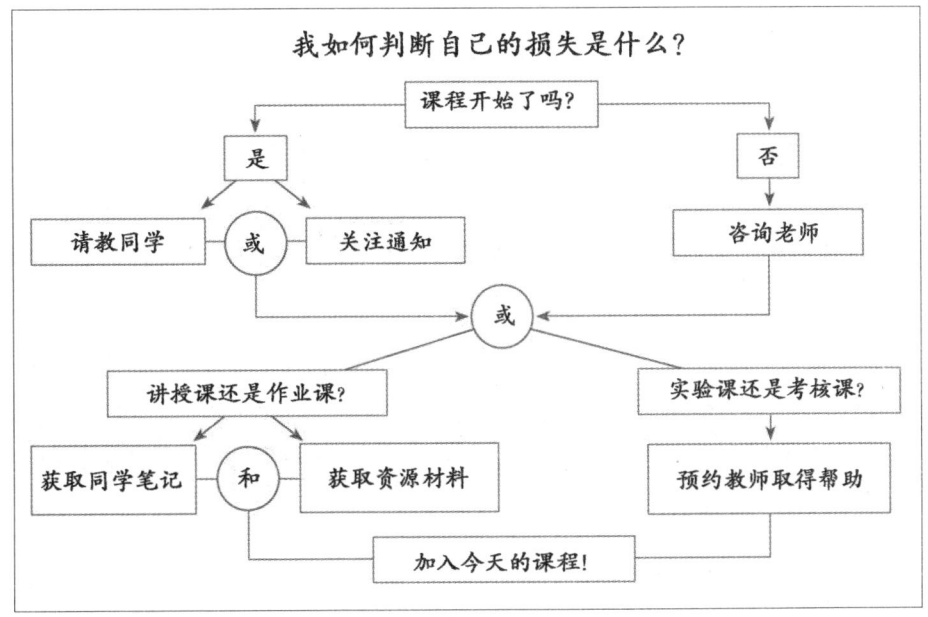

来源：改编自 Marzano 等，2017。

图8.1 判断学生可能遭受损失的标准操作程序

学生应该自行生成类似于图8.1的标准操作程序。如果学生能够设计并执行标准操作程序，那么教室最终会形成一种学生和教师一起对建立积极的学习环境负责的良好文化氛围。我相信这样的一个过程是教师应该努力和学生一起创建的。

第九章　建立良好关系

通往学习的重要心理环境是一种归属感，以及自己的基本需要受到教师与同伴重视的感受。当这些需要得到满足，学生就会感到放松和舒心。通过关注师生关系和生生关系，教师能够在学生心中形成这种感受。

> 就建立良好关系来说，预期的心理状态和过程是：学生感到自己是受欢迎、被接受和受重视的。

下面的要素对建立有效的关系至关重要。

要素 38：运用言语和非言语行为对学生表达喜爱之情

使学生感到自己是受欢迎、被接受和受重视的最直接的一种方式，就是用行动展现这种感情。教师可以运用很多策略实现这一点。表 9.1 呈现了这一要素的具体策略。

表 9.1　运用言语和非言语行为对学生表达喜爱之情

策　略	描　述
在教室门口迎接学生	在开始的一阶段，教师在门口迎接学生。当学生走进教室时，教师叫出学生的名字，这表明教师是重视学生的，并且注意到了学生的出席。教师也可以询问学生的感受，对学生的学习或成绩作出积极评价。
举行非正式会议	和正式的学术会议不同，非正式会议不需要学生对会议设计预期，教师和学生可以随意交谈。在非正式会议中，教师可以给予赞美，询问学生的意见，提及学生的成功，以及传达其他教师的正面评价。
参与课后活动	通过参与学生的课后活动，教师可以向学生，尤其是向那些感到自己被疏远的学生表达喜爱和兴趣。如果要参加的话，教师要提前告诉学生，然后尽可能努力地和学生建立联系。

续表

策　略	描　述
在校外叫学生的名字问候学生	教师要利用好在杂货店、电影院或商场等校外场所和学生或家长的碰面。一旦碰面了，教师要叫得出学生的名字问候一下，友好互动。
赋予学生在教室中的特别责任或领导角色	教师分配学生在教室中的特定任务或责任。特定任务或责任可以包括成为午餐的领队，照顾班级宠物，分发材料或收作业。如果学生先前的表现好，教师可以赋予学生在教室中的领导角色，这能够进一步证明教师对学生的关心和信任。
安排互动	教师创建时间表，每天挑选某些学生进行交谈，确保与每位学生定期互动。谈话可以发生在食堂、在课间休息时或放学后。
创设照片公告栏	教师创设公告栏来展示学生的照片、个人目标、爱好、兴趣和其他有趣的东西。照片公告栏的内容可以根据单元更改，或用来凸显这几类学生：作业表现良好，在学习目标上表现出极大的进步，或在课外践行了班级的价值观。
运用身体行为	教师善用自己的身体行为和姿势，确保传递对学生的喜爱和鼓励。例如，教师可以运用微笑和举手击掌来表达感情，可以轻拍学生的背，或把手放在学生肩膀上表达兴趣或关心。
运用幽默	教师要策略性地运用幽默。教师可以运用有趣的调侃、玩笑或自导的幽默。教师也可以运用历史的或流行的格言来表达观点，或在教学中融入卡通、玩笑、双关和文字游戏。

来源：改编自 Marzano Research，2016qq。

表 9.1 中的一些策略聚焦的是发展教师和学生之间的积极关系。比如，在门口迎接学生并叫出名字，是向学生传达关心的比较容易且有效的方式。

一些策略能够使学生感到同伴对他们的重视。比如，照片公告栏能展示班级中每个学生的信息，这有利于学生了解彼此的才能和兴趣。

如果以上策略实施达到了预期效果，那么教师将在学生身上观察到如下一些行为表现：

◇学生称教师为关心他们的人。

◇学生称课堂是一个友爱的地方。

◇学生回应教师的言语互动。

◇学生回应教师的非言语互动。

要素39：理解学生的背景和兴趣

这一要素中的策略在于帮助学生感受到来自教师和同伴的尊重。组织活动来巧妙揭示学生的才能和喜恶可以实现这一点。表9.2呈现了该要素的具体策略。

表9.2 理解学生的背景和兴趣

策　略	描　述
学生背景调查	在学年开始或课堂开始，教师提供背景问卷，所涉及的问题和学生生活相关，可以包括学生的学习兴趣（学校中最喜爱和最不喜爱的科目），个人兴趣（爱好、运动、课程、艺术、书籍、电子游戏、电影和电视节目），梦想，担忧，家庭成员和家庭活动（传统、职业和聚会）。
意见问卷	和学生背景调查类似，教师运用意见问卷在于更好地理解学生的看法和背景。不过，意见问卷通常关注课堂的相关主题。比如，教师可以创建意见问卷询问学生课堂内容的有趣与适切程度。意见问卷也能巧妙地探测学生对特定任务的胜任感。
师生个别的谈话	教师安排与学生个别谈话。在个别谈话中，教师可以谈及学术和非学术话题，从而更好理解学生。
家长—教师会议	教师安排家长—教师会议。在这类会议中，教师要明确重要的事项，包括家庭活动、家长职业、学生父母或兄弟姐妹的重大人生变化（如出生、死亡、毕业、结婚、离婚或工作变更）。
学校报纸、时事通讯或公告	许多学校有面向学生或家长的出版物，这些出版物用来展示学生显著的成绩。教师要阅读这些出版物，了解学生在体育项目（如田径、游泳、篮球、棒球、足球或其他运动；颁奖仪式）、辩论、社团活动、学校表演和志愿者活动中的参与情况。
非正式的班级访谈	当教师请学生分享学校或生活中发生的事情，非正式的班级访谈就发生了，这些信息也是教师理应了解的。教师可以询问特定的问题来提示学生谈论自己的生活。比如，在周一直导教学课开始前，教师可以请学生分享他们在周末做的事情。

续表

策　略	描　述
熟知学生文化	教师和学生交谈，经常熟悉学生感兴趣的流行文化。这可以包括流行的音乐、电影、电视节目，或者演员、歌手、乐队。
自传隐喻与类比	教师请学生建构隐喻来对比学习内容和自己的生活。这一策略为教师提供了学生的背景知识，同时加强了学生对内容的理解。
六词自传	教师请学生用六个词语撰写一篇自传，教师引导讨论，请学生分享和解释他们的自传。六词自传可以是不相干的六个词语的列表（尤其面向年幼学生），或者是功能性句子。
独立调查	教师要求学生研究某个感兴趣的话题，之后在班上报告发现。这些调查可以和课堂内容相关，也可以出于学生的其他兴趣。
格言	教师要求学生搜集能表达他们个性品质、兴趣或志向的格言。学生分享找到的语录，这能帮助教师更好理解学生的个性和兴趣。
评论学生的成绩或重要方面	一旦教师对学生的价值观和兴趣有所了解，就可以对个体成就与生活中的重要事项进行留意和评论。在个体成就方面，教师可以指出学生的社团或体育活动成绩、学习荣誉、艺术和戏剧成绩，或表现良好的任务。
列队	教师可以运用具体的问题，请学生站队或按组坐，以展现他们的喜恶和偏好。问题可以是好玩的，是用来了解学生个性的某个有趣的活动；问题也可以是同学科有关的，以帮助教师更好理解学生的学习偏好；或者也可以两者兼具。
定制个人学习目标	教师请学生确认教学过程中他们感兴趣的东西，在单元内创建自己的个性化学习目标。教师帮助学生将个性化的学习目标和教师确定的学习目标联系起来。

来源：改编自 Marzano Research，2016mm。

表 9.2 中的有些策略在于帮助教师获取学生背景与兴趣的信息。比如，请体会一下学生背景调查和家长—教师会议这两个策略的差别。调查是了解学生的显性方式。家长—教师会议则较为巧妙，在会议中，教师要努力从谈话中收集信息，用来改善和学生的会话，使学生感到自己是受欢迎的。

有些策略在于帮助学生进一步互相了解。比如，请体会一下关注学校报纸、时事通讯和公告的策略。它们都展现了与同学分享成绩的方式。日积月累，运用这些策略能够让教师对学生的情况做到了如指掌。

如果以上策略实施达到了预期效果，那么教师将在学生身上观察到如下一些行为表现：

◇学生称教师为了解他们，或者对他们感兴趣的人。
◇在教师表现出理解学生的兴趣和背景时，他们乐于回应。
◇学生表示自己感到了教师的重视。
◇学生表示他们了解同伴。

要素40：展现客观公正和自我控制力

这一要素关注的是教师行为。透过这些行为帮助学生感受到，如果自己行为不当的话，教师并不会发怒，将以一种客观的、非情绪化的方式执行规定和程序。表9.3呈现了这一要素的策略。

表9.3　展现客观公正和自我控制力

策　略	描　述
自我反思	教师每天反思自己所做的班级管理工作与已有的规定和程序是否一致。教师考虑的问题可以包括：当学生遵守规定和程序时，我是否提供了适当的鼓励？当学生没有遵守规定和程序时，我是否采取了合理的措施？我今天抓住每个机会对学生的行为提供正反面教育了吗？
自我监控	教师监控自己在班级中的情绪，避免表现出适得其反的情绪，诸如生气、沮丧或迟疑。在每天上课开始前，教师可以在心里过一下电影，注意哪些学生可能会惹麻烦。
情绪触发点	教师考虑压力来源和其他使自己难以维持情绪客观性的情绪触发点。这些触发点可能是个人事件、学年的特定时段，或者是特定学生或职员的行为。
自我关心	自我关心是个体确保自己身体、心理或情绪健康的有意行动或实践。为采取自我关心的行动，教师需要了解哪些活动值得去做和有益于健康，在需要缓解消极情绪时积极参与这些活动。

续表

策　略	描　述
自信	和学生互动时，有的教师很自信，有的教师较被动，还有的教师咄咄逼人。理想状态下，教师应当有自信——在不忽视或不侵犯学生权利的情况下坚持自己的需要。换言之，自信的教师在引领班级关系时，既表现出对学生的尊重，同时仍展现自己的控制能力。
沉着冷静	教师在处理班级冲突时要保持沉着冷静，包括运用自信的身体语言，自我监控脸部表情，以平静和尊重的语气说话，主动倾听合理的解释，不要有恼怒、否定和指责他人行为等做法。
主动倾听与交谈	教师倾听学生的说话，但不轻易表态站队。教师要关心学生讲述的事情，努力理解学生的观点。教师在身体姿势、手势和脸部表情方面都要保持客观中立。
沟通风格	教师要监控自己的沟通风格。一般来说，沟通风格可以归为下面五类：(1) 自信的联结者，(2) 冷漠的回避者，(3) 初级的治疗者，(4) 威吓者，(5) 隐藏者。教师要意识到各种沟通风格，明确自己最常用的沟通风格，评价这种风格对班级关系的影响。
独特的学生需要	五类学生会有独特的需要，这可能会挑战教师维持客观公正和自我控制力。这些学生包括：(1) 被动的学生，(2) 具有攻击性的学生，(3) 有注意问题的学生，(4) 完美主义的学生，(5) 有社交障碍的学生。教师要鉴别班中可能有独特需要的学生。一旦作出鉴别，那么，在互动时教师就要做到事先心中有数，维持自己的客观公正和自我控制力。

来源：改编自 Marzano Research，2016i。

表 9.3 中的许多策略聚焦的是帮助教师意识到自己的失控趋势，或者意识到与学生互动时采取了非正面的方式。比如，体会一下自我反思的策略。这一策略要求教师鉴别某些学生，当这些学生表现不当时，他们通常会作出消极的回应。这一认识能帮助教师在可能对特定学生的消极事件反应过度时，保持冷静和审慎。

有些策略聚焦的是帮助学生在冲突情境中保持冷静的行为。比如，体会一下主动倾听的策略，这是学生已经失控或即将失控时教师采取的具体技巧。主动倾听策略向学生传达了教师对学生的感受予以重视，因为教师在明确关注学生讲述的事情。

如果以上策略实施达到了预期效果，那么教师将在学生身上观察到如下一些行为表现：

◇看到教师沉着冷静，学生也会感到心神安定。
◇学生称教师是有自控力和能掌控课堂的人。
◇学生表示教师没有挟怨记仇，或者教师不会感情用事。

制订教学计划

和建立良好关系相关的设计问题是，我将采用什么策略帮助学生感到自己是受欢迎的、被接受的和受重视的？这一设计领域的三大要素为该设计问题提供了具体的指导。教师能够容易地将这些要素转化为更为聚焦的设计问题。

◇要素 38：我将如何运用言语和非言语行为向学生表达喜爱之情？
◇要素 39：我将如何展现我理解学生的背景和兴趣？
◇要素 40：我将如何展现客观公正和自我控制力？

教师应当系统有序地（systematic basis）规划这些要素。换句话说，教师应当定期反思自己做些什么，能够在言语和非言语上向全部学生传达喜爱之情。比如，某个教师可以定期想想，最近和哪些学生没有积极互动。当然，没有积极互动不一定意味着发生了消极的互动。那么，教师要在心里记得第二天和这些学生说些鼓励与肯定的话。

对于理解学生的背景和兴趣，教师可以找出那些所知甚少的学生。教师选择某个学生，并采取能够更加深入了解的方式，比如在午餐时间简单地和学生有个非正式的交谈。

至于传达客观公正和自我控制力，教师可以找出那些易于惹是生非的学生。也就是说，当这些学生不遵守规定和程序时，教师通常会反应过度。所以，教师要设计特定的策略，以便在心烦意乱的时刻，可以保持冷静。这些策略可以让教师提醒自己可能已经反应过度，必须加以转变，在今后类似情境中保持定力。

改革的启示

就建立良好关系而言,对变革的主要启示是,要转变形成积极师生关系的过程,即从某种教师的个人偏好转变至某种选择和具体的行动。这包括教师要审视自己对学生的感受。

通常来说,人会形成关于那些和我们交往的人有什么特质的看法。如果我们喜欢或欣赏自己在其他人身上感受到这些特质,我们将倾向于寻找并培养和他们的积极联系。我们以积极的方式对待他们,他们通常回报以积极的对待(Marzano & Marzano,2015)。

这对大多数教师都是有用的,因为他们对于自己所教年龄和年级段的学生来说,有着天然的亲切感。小学教师享受一年级学生连续不断问问题的乐趣,享受学生需要赞美,甚至某些时候需要拥抱的乐趣。中学教师享受学生看上去是非理性的行为,和持续不断的咯咯的笑声。高中教师享受学生有时的笨拙,和有时希望被当做成人对待的复杂尝试。

事实上,对大多数教师而言,和大部分学生形成积极的关系并非难事,因为教师倾向于以积极的方式来解释学生的行为。但也有教师不用积极的方式解释学生行为的情况。在这种情况下,和学生建立积极的关系,是教师决定用积极的行为对待学生的关键,纵然教师可能不情愿这么做。

符合逻辑的结论是,这意味着教师必须对全体学生传达喜爱之情,尽管他们对某些学生没有天然的亲切感。我相信,如果这是每个班级管理程序的标准,学校将成为让每个学生有归属感和自尊感的地方。改善学生的表现可能还要走很长的一段路,尤其对那些目前感到自己被剥夺权利的学生来说更是如此。

第十章　寄予学习期望

创建有效学习环境的最后一个要素是向所有学生寄予学习期望。这一需要直接源于期望的相关文献。20世纪中叶，研究者断定教师对学生在课上表现的期望影响着其对学生的方式（参见 Rosenthal, 1956; Rosenthal & Jacobson, 1968）。教师对学生期望越高，越会向学生提出挑战并与之互动。期望越低，情况则相反。不幸的是，一个人的期望是很难完全被意识到的。然而，确保教师平等地、公正地对待全部学生是不言自明的。

实际上，教师必须特别关注那些自己有意或无意会给予低期望的学生。这些学生倒不需要多么不同的策略使他们感到自己是受重视和被尊重的。不过有时候，教师确实并没有严格地、完全地运用对待其他学生的典型教学策略来对待给予低期望的学生。

> 就寄予学习期望来说，预期的心理状态和过程是：那些不愿意学习者也感到自己是受重视的，且毫不犹豫地与教师或同伴互动。

值得注意的是，我更偏好使用"不想学的学生"或"不愿意学习者"（reluctant students or reluctant learners）这样的术语，而非"低期望学生"（low-expectancy students）这一术语，尽管后者和研究文献更为一致（参见 Marzano, 2007）。下面的要素对向不愿意学习者寄予学习期望至关重要。

要素41：对不愿意学习者也要看到其长处并表示尊重

向所有学生寄予学习期望的第一步是帮助他们感到自己是受重视和被尊重的。表10.1呈现了这一要素的策略。

表 10.1 对不愿意学习者也要看到其长处并表示尊重

策略	描述
明确对所有学生的期望水平	向所有学生展现平等的重视和尊重的第一步，是明确学生期望的已有差别。为此，教师要明确对每个学生的期望水平，教师可以设想每个学生都完成了一次综合评估，这次评估包含一些更难的内容要在课上解决。在班级名单上，教师写下他/她期望每个学生表现的水平：高水平、平均水平或低水平。
明确对不愿意学习者的差别对待	教师在一段时间里追踪自己的行为，不断意识到自己和特定学生的互动质量与情感差异。这可以运用非正式观察的方式进行。
运用言语或非言语的方式表达尊重	教师运用目光接触、微笑、靠近、手势和身体姿势、身体接触和有趣的对话，传达对所有学生的重视和尊重。如果教师认识到对不愿意学习者的差别对待，就要努力运用言语或非言语的方式向他们展示尊重和重视。

来源：改编自 Marzano Research, 2016g。

表 10.1 中的前两个策略要求教师认识到，应确保自己对不愿意学习者寄予了学习期望。第一个策略（明确对所有学生的期望水平）有助于教师意识到他们的偏见，这些偏见能够渗入他们对学生的看法。比如，在一开学初，教师就浏览学生名字，了解哪些学生可能会在课上表现良好，哪些不能。这一行为应当是免责的，教师不必为形成了这样的推论而自我批评。形成对人的判断是自然的人类倾向。教师可以努力明确自己为何会形成这些推论。这是教师能够发现偏见的方式。如果教师注意到其寄予低期望的学生都是类似的穿着方式或讲话方式，那么这些可能就是偏见。同样，这一行为也应当是免责的。不过，尽管偏见是自然倾向，它们也是有害的；教师应当尽可能消除偏见。

第二个策略（明确对不愿意学习者的差别对待）有助于教师意识到其差别化对待不愿意学习者的程度。这一策略要求一些思考和努力，因为它涉及教师比较自己对待不愿意学习者和高期望学生的方式。通常，教师会发现一些明显的差别，包括向高期望学生提问更多和更难的问题，对高期望学生更加友好，与高期望学生互动更为频繁。

第三个策略（运用言语或非言语的方式表达尊重）在于尽快地向不愿意学习

者表现出平等积极的行为。在该阶段，这类行为是非常通用的，比如花时间和不愿意学习者互动，确保教师向不愿意学习者微笑，展现喜爱之情，运用幽默。

如果以上策略实施达到了预期效果，那么教师将在学生身上观察到如下一些行为表现：

◇学生表示教师关心所有学生。

◇学生彼此尊重。

要素42：对不愿意学习者也要深入询问问题

教师差别对待不愿意学习者最常用的方式之一，是不向他们提问同样复杂的问题。教师这样做通常是为了避免学生感到尴尬。换言之，教师会提问不愿意学习者相对容易的问题，努力增加这些学生回答正确的机会。不幸的是，尽管计划良好，这类行为向不愿意学习者传达的隐含信息是，教师对他们不抱希望。为尽量避免这一点，教师应当采取一些具体的策略，详见表10.2。

表10.2　对不愿意学习者也要深入询问问题

策　略	描　述
问题水平	教师的提问要求学生分析信息、评估结论或作出推论。这几类问题比检查识别或回忆正确答案更为复杂。教师确保自己经常对学习跟不上学生也深入询问问题，尽管这些学生在回答问题时可能需要帮助和鼓励。
回答机会	教师给予所有学生平等的回答机会，强化对所有学生的高期望。不存在学生有明显更多或更少回答问题的机会的情况。
善待回答	如果学生回答问题有困难，教师需要重申问题，鼓励合作，或提供暗示与线索。教师也可以暂时让学生不作回答。
来自学生答案的证据和支持	为强化对所有学生的高期望，教师需要从每个学生的回答得到相似水平的证据和支持。如果某个学生提出一个主张，教师就要求提供主张的根据和支持，不管这个学生是否为典型的不愿意学习者。
鼓励	为鼓励所有班级成员的参与，教师要将想法和评论归于提出者。教师也要感谢每个提出问题和提供答案的学生，尽管答案可能并不正确。

续表

策　略	描　述
等待时间	教师在提问后要给予恰当的等待时间，在学生回答之间提供恰当的停顿，这样能允许所有学生有充足的时间加工信息和构思答案。
回答追踪	教师要请任意学生回答而不只是选择那些举手的学生，确保所有学生有平等的回答机会。教师也对学生回答问题或接受提问的情况保持追踪，可以在班级名册上，在学生的名字旁做好标记。
避免不恰当反应	教师要避免对学生回答作出不恰当的反应，以鼓励不愿意学习者回答问题，分享他们的想法。教师要避免下列任意一种反应：告诉学生自己应该已经知道问题的答案，忽略学生的回答，对错误答案作出主观评价，或任由其他学生作出负面评价。

来源：改编自 Marzano Research, 2016c。

表 10.2 中的一些策略在于提供不愿意学习者回答的机会，让他们在某种程度上能匿名回答。比如，"回答机会"的一种策略技巧是"自己做"。这种情况下，学生在纸上写下问题答案，把答案放在桌上，使教师容易看到。教师在教室中走动时检查学生的答案，在心中记下那些可能需要帮助的学生。

有些策略在于为学生的答案提供支架。比如，在运用善待回答策略时，教师通过以下方式提供学生回答问题的多重机会：

◇如果学生回答有困难，重申问题；
◇如果学生回答有困难，请学生合作解决；
◇如果学生回答有困难，给出提示或线索；
◇如果学生回答有困难，暂时让他们脱离困境。

有些策略在于鼓励不愿意学习者。例如，鼓励策略的技巧包括：

◇认可学生回答的正确部分；
◇解释如何改正错误回答；
◇鉴别回答错误的问题。

如果以上策略实施达到了预期效果，那么教师将在学生身上观察到如下一些行为表现：

◇学生表示教师期望每个人参与其中。

◇学生表示教师向每个人提出有挑战性的问题。

要素43：和不愿意学习者一起探查不正确答案

向不愿意学习者寄予学习期望的最有力的方式，可能是当他们没有正确回答时，教师以一种缜密的方式和他们进行互动。事实上，教师在高期望学生回答不正确时通常会这么做。教师应当赋予不愿意学习者同样的尊重。表10.3呈现了这一要素的策略。

表10.3 和不愿意学习者一起探查不正确答案

策略	描述
运用恰当的回应过程	教师恰当回应不正确或不完整的回答，首先向学生的回答表示感谢，接着，教师指出回答正确和不正确的地方。
让学生暂时脱离困境	如果学生在回答问题时变得慌乱、困惑或尴尬，教师可以暂时让学生停止作答。不过，稍后教师再次向这个学生（无论是班级教学或一对一教学）提问不同的问题，或者让其在冷静后思考初始的问题。
答案修正	教师运用细致的询问技巧，帮助学生认识到自己的答案是站不住脚的。教师可以用这类问题回应学生的不正确答案："你如何知道这是真的？""你有什么证据支持这个结论？"
使用思考—配对—分享模式	教师可运用这一模式，这样不愿意学习者在全班面前分享答案前能有时间练习和更正答案。在提问后，教师将学生配对，让学生告诉同伴他们认为的最佳答案。在两到三分钟的配对讨论后，教师请学生回答问题。学生可以提供自己的答案，引用同伴的答案，也可以请同伴给出答案。

来源：改编自Marzano Research，2016aa。

表10.3的所有策略都用于在学生回答不正确时，教师如何对他们进行询问，询问要既能尊重学生的回答，又能探查他们的思维。教师倾向于以整合的形式运用这些策略。比如，教师可以通过向回答不正确的不愿意学习者表示感谢，开始和他们的互动。接下来，教师可以认可答案的正确部分。然后，教师将通过重申问题帮助学习者改正错误，重申问题能提供改正的路径，或提醒学生有助于改正

答案的课程内容。如果情况允许，教师可以让学生暂时停止回答问题，给学生时间思考答案，然后再次请这个学生给出改正的答案。在这段时间里，教师可以提问高期望学生相关问题，为不愿意学习者提供提示和支架。

如果以上策略实施达到了预期效果，那么教师将在学生身上观察到如下一些行为表现：

◇学生表示教师不会让他们难堪。
◇学生表示教师不会放弃他们。
◇学生表示教师会帮助他们更深层地思考内容。
◇学生表示教师会帮助他们成功地回答难题。

制订教学计划

寄予学习期望的设计问题是，我将运用什么策略帮助不愿意学习者在与我或同伴交流时，感到自己是受重视的或舒心的？这一设计领域的三大要素为该设计问题提供了具体的指导。教师能够容易地将这些要素转化为更为聚焦的设计问题。

◇要素 41：我将向不愿意学习者传达重视和尊重吗？
◇要素 42：我将确保向不愿意学习者提问深层问题吗？
◇要素 43：我将和不愿意学习者一起探查不正确答案吗？

在规划这一设计问题时，教师应当首先要想一想哪些学生往往会受到忽略。顾名思义，规划传达高期望意味着应多关注一类学生，即教师或其他人会有意或无意传达低期望的学生。然后，这类规划可以引导教师鉴别和审视自己的偏见以及差别对待学生的方式。这是确保教师用寄予学习期望的方式挑战和对待所有学生的基础。教师每天要计划和运用明显的行为，确保不愿意学习者感到他们的想法是受重视的，并且被期望表现良好。

改革的启示

这一设计领域蕴含的主要变革涉及更加意识到教师对学生的期望及其可能的负面后果。具体来说，向所有学生寄予学习期望意味着教师必须意识到他们对学生有不同的期望，因而对学生实行了差别对待。

对这一设计领域的启示显然和对建立良好关系设计领域的启示相关。它们都涉及教师进一步明确自己看待学生的方式,以及这种方式对自己行动的影响。《管理教学的内心世界》(*Managing the Inner World of Teaching*, Marzano & Marzano, 2015)一书深入探讨了这个问题。不过简单地说,教师应当培养的第一个意识是,分类是自然的人类倾向。爱因斯坦(Albert Einstein, 1970)阐述到,"缺乏分类设定和一般概念的思维,和在真空中呼吸一样是不可能的"(第674页)。我们通过别人告知的信息形成对人的分类,尤其是在我们年幼和易受影响的时候。我们也基于自身的观察创建分类。这些过程都会造成偏见。形成分类最重要的一个方面是,我们会对每个类别概括化。查尔斯·老德和谢丽尔·泰勒(Charles G. Lord and Cheryl A. Taylor, 2009)写道,"人们是如此易于概括化,以至于他们通常提前'知晓'他们将'喜欢'和'不喜欢'的东西"(第827页)。如果某个教师对低期望学生的分类包括类似"这些学生很不用功"或"这些学生在困难时会放弃"的概括,那么他(她)将据此行动。

教师应当培养的第二个意识是,我们具有和分类与概括化相关的脚本。马扎诺等人(Marzano and Marzano, 2015)认为脚本是在特定情境中行动的习惯。我们有关于早上起床后做什么的脚本。我们有和新遇到的人如何互动的脚本。教师有如何介绍新内容、如何与高期望学生互动、如何与低期望学生互动的脚本。正是后一组脚本弱化了对不愿意学习者的教学。教师对这类学生的脚本并不包括激发、挑战和认可的行为,而这些恰恰是对高期望学生的脚本所固有的。

教师职前准备和职后培养传统地聚焦于教学策略而不要求教师自我审视,不过我相信,教师关于分类和脚本的自我意识是尚待开发的有效课堂策略的来源。教师越认识到自己作为人的倾向,就越能认识到学生身上同样的倾向。这种意识能提升教师与学生互动的能力。这种意识也有可能提高教师在课堂外的生命力。

第十一章　作出系统变革

教师至少在两类系统环境内活动：（1）学校，（2）学区。这些系统提升了教师个体的效力，同时往往也导致了教师个体的无效性。学校和学区当然有帮助一线教师的政策，但也有政策（有些是长期的）阻碍了有效教学。这些障碍能够也应当得到解决。这里我提出了八大系统变革建议，这些变革是从《新教学艺术与科学》的启示中自然涌现的。

本章的建议基于第一章至第十章变革的启示，同时也是有所超越。事实上，它们甚至超越了诸如《新教学艺术与科学》此类教学模式的限制。它们代表了我对系统变革的个人信念，我认为这些变革对K—12教育提升有效性是至关重要的。正如引论中讨论所表明的，这些建议也代表了我的教育宣言。

建议1：创设确保教师发展的系统

《新教学艺术与科学》表明最明显的系统变革是系统支持教师成长。我已经在若干著作中对此作过讨论（Marzano，2012；Marzano等，2016；Marzano & Simms，2013；Marzano & Toth，2013）。简单来说，这样的系统涉及详细分析每位教师在教学设计模式中43个要素中的强项和弱项。为此，教师将使用类似图11.1呈现的量表。

顾名思义，该发展性量表的设计在于考察教师在《新教学艺术与科学》要素方面的发展。教师使用图11.1的量表审视自己使用具体策略的情况。分值0水平（未使用）表示教师理应使用策略但并没有使用。在分值1水平（起始）表示教师使用了策略，但有错误或疏漏。在分值2水平（发展）表示教师准确无误地执行了策略，但没有监控该策略对学生来说是否达到了理想效果。在分值3水平（应用）表示教师准确无误地执行了策略，并监控策略对学生的效果；基于学生反馈，教师作出改变，确保至少大部分学生从策略中获得预期的效果。在分值4水平（创新）表示教师作出充分的调适，使所有学生体验到策略的理想效果。

4 创新	我调试了行为并创造了新策略，以满足独特学生的需要和情境。
3 应用	我正确使用了该要素的策略和行为，并且我也监控了自己的行为对学生的影响。
2 发展	我正确使用了该要素的策略和行为，但我没有监控其对学生的效果。
1 起始	我没有正确使用该要素的策略和行为，或者使用时有部分疏漏。
0 未使用	我没有意识到该要素的策略和行为。

图 11.1 要素的发展性量表

要注意，图 11.1 的量表是生成性的。访问 go.SolutionTree.com/instruction，可以获得《新教学艺术与科学》每个要素的具体量表样例和更多相关信息。图 11.2 是要素 24，即增加学生反应率的发展性量表，我们以此为例进行说明。

4 创新	我调试了行为并创造了新策略，以满足独特学生的需要和情境。
3 应用	我正确使用了反应率方法保持学生的参与，并且我也监控了这些方法对保持学生参与的效果。
2 发展	我正确使用了反应率方法保持学生的参与，但我没有监控其对学生的效果。
1 起始	我没有正确使用该要素的策略和行为，或者使用时有部分疏漏。
0 未使用	我没有意识到该要素的策略和行为。

来源：Marzano Research, 2016r。

图 11.2 反应率量表

要注意，量表是以第一人称写的，是从教师的角度出发的。它提供了一种聚焦自我发展的视角。我建议教师发展过程遵循五个步骤。

1. 教师从自我检查开始。
2. 教师持续追踪自身的进步。
3. 教师有机会观察和讨论有效教学。
4. 教师在专业学习共同体（PLC）进程中使用团队协作。
5. 教师有机会参与辅导。

从自我检查开始

教师发展从自我检查开始。在一些著作中，我说明了自我检查的基本过程

(Marzano, 2012; Marzano, Frontier, & Livingston, 2011; Marzano & Toth, 2013)。简单来说，每年，教师要根据《新教学艺术与科学》教学设计模式中 43 个要素的发展性量表，从评定自己的等级开始。基于自我检查，他们可选一至三个要素作为一整年关注的发展点。尤其是那些一开始他们自评为 0（未使用），1（起始），2（发展）水平的要素。督导会核实特定教师的选择是否合适。在每个领域，教师利用量表设置成长目标。成长目标最低应包括在学年末达到分值 3（应用）水平。

持续追踪进步

设置成长目标后，教师就开始实践他们选择的策略了。在实践过程中，教师保持对自己进步的日常记录，就像图 11.3 描绘的那样。

9/12	我使用"自由联网"（free-flowing web）讲解写作过程。起先这不是非常有效，因为我说明了联网有什么用，但没有向学生展示如何制作联网。不过学生看上去喜欢这个练习，因此我将持续尝试使用联网。
9/21	今天我们使用自由联网，就文章的观点进行头脑风暴。一旦学生选择了文章主题，就使用其他网站绘制主要观点和细节。这样效果很不错，但学生所画的圆圈有点零散。
10/5	今天，我要求学生使用自由联网比较两样东西，这样效果确实很好。学生在纸张左右两边两个大圈里画上他们比较的东西，并在周围小圈里写上描述语和事实。然后他们将大圈和所有适用的描述语和事实连起来。有一些真正有趣的网站能帮助学生发现之前未意识到的联系。
10/14	今天，辅导员来上职业课，我请她使用自由联网作为课堂内容的一部分，因为学生对此已经非常熟悉了。他们确实理解老师的意思，即把他们自己放在中心圈里，之后在周边的圈里填写自己的生活目标。有些学生甚至画了圆圈，显示达成目标要做的事情。
10/20	现在，我的学生对自由联网已经非常熟练了，我们开始使用联网来显示联系，一些学生甚至调整联网以同时使用图片。就像故事板一样，他们从故事中提取不同事件，设计叙事片段，之后画线来发现事件和人物之间的联系。

来源：Marzano, 2012。

图 11.3　教师日常记录

图11.3的日常记录涉及了具体的知识表征策略，比如自由联网（见要素8中的表3.3）。教师也能根据图11.4所示的发展性量表持续追踪自己的进步。

观察和讨论有效教学

如果教师希望进步，那么就需要观察其他教师并讨论改善教学的困难之处。正如《变革学校的协作团队》（Marzano等，2016）一书所说，教学研讨包括教师观察其他教师。观察不是为了评估或批评其他教师。相反，教师观察是为了向其他教师学习。因此，被观察者往往是最好的教师，他们能提供策略使用的正面例子。在某次或多次观察的最后，观察教师见面开会，讨论他们看到的策略使用和学习体验。教师每年至少应当有两次机会参与教学研讨。

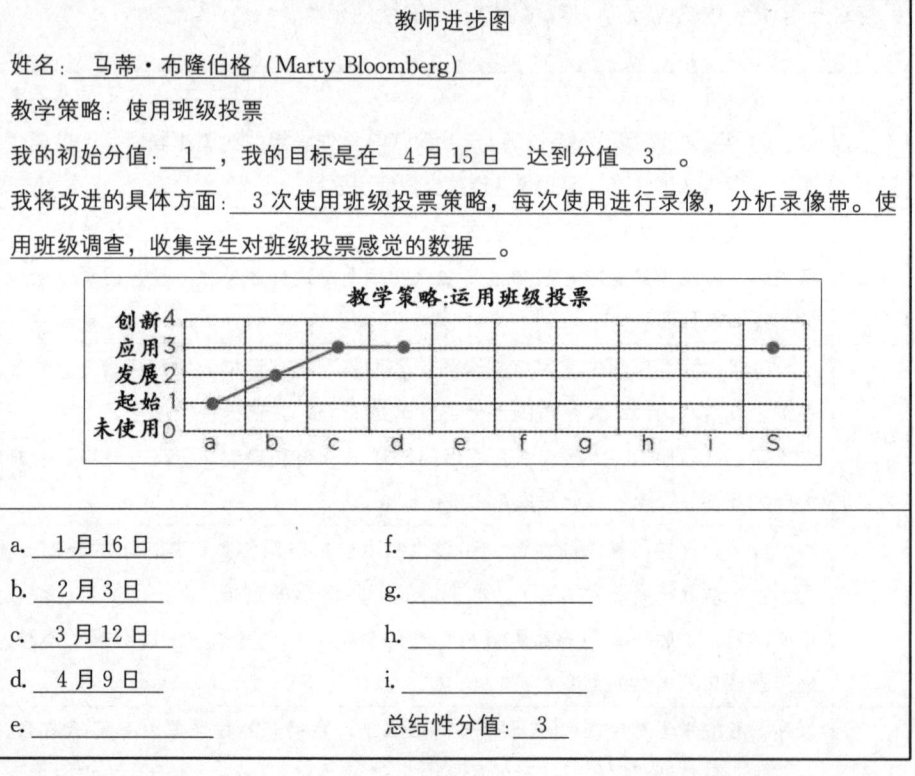

来源：Marzano，2012。

图11.4　教师追踪图

在 PLC 进程中使用团队协作

PLC（专业学习共同体）是美国最受欢迎的创新之一。PLC 由马扎诺及其同事（2016）界定，并由理查德·杜福尔、丽贝卡·杜福尔和罗伯特·埃克（Richard DuFour, Rebacca DuFour, & Robert Eaker）进一步发展（DuFour 等，2016），指的是"引导学校建立和维持协作团队网络的所有政策与实践，且协作网络的工作提高了学生的学习"（第 17 页）。协作团队即"共同工作提升学生学习"的教师群体（DuFour 等，2016，第 17 页）。

过去，协作团队的首要目的是设计共同形成性评估，执行评估和对评估赋值，然后依据学生的优缺点方面进行说明。这是一个强有力的活动，同时协作团队能帮助团队成员发展自己在具体教学策略上的技能。换言之，协作团队可以围绕选择发展的策略进行组建。比如，目标是提升反应率策略的教师可以组成一队，发展目标是激励和鼓舞学生的教师可以组成一队，等等。这些协作团队可以只持续一个月左右，在这期间团队成员分享所选策略的经验，甚至互相访问课堂。

参与辅导

正如马扎诺和托特（Marzano & Toth, 2013）所说，辅导对于帮助教师提升教学技能来说十分关键。发展性量表也能用于辅导设计。比如，一旦教师鉴别了自己在发展性量表中的技能水平，那么显然要辅导教师达到更高一级水平。图 11.5 对此作出了描述。

4 创新	辅导帮助教师调整策略或创造新策略以满足学生需求，尤其是那些常用策略不起作用的学生的需求。
3 应用	辅导帮助教师理解策略要达到的理想效果，帮助教师监控策略是否在课堂中到达了理想效果。
2 发展	辅导帮助教师减少策略使用中的错误。
1 起始	辅导帮助教师理解或形成策略步骤，促进教师对策略的初步尝试。
0 未使用	辅导解释策略重要的原因，并提供一般意义上的策略。

来源：改编自 Marzano & Toth, 2013。

图 11.5　发展性量表每一水平匹配的辅导行为

正如图 11.5 所示，如果教师处于 0 水平（未使用），辅导要解释策略重要的原因，并帮助教师形成对策略的一般理解。这可以将教师上移至起始水平（1）。为帮助教师上移至发展水平（2），辅导要帮助教师鉴别他/她在策略使用中的错误或疏漏之处，等等。

建议 2：关注单元计划而非课时计划

《新教学艺术与科学》表明最简单的变革可能是教学计划。在美国，大部分教师每天必须设计和上交各科目的课时计划。这一做法的问题是，日常课时计划常常只是教师需要遵守的例行公事。事实上，课时计划的概念几乎没有意义，因为教师是在一组课时，也就是通常所说的单元的背景下来上课的，每个课时都是为共同目标服务的。正如前几章所述，一组课时至少可以采用三种不同的形式：(1) 直导教学，(2) 练习/拓展，(3) 知识应用。事实上，某节课通常会出现两种或更多的课时类型。

我相信，一次设计一节课是一种无效的实践。相反，教师应当从单元的角度进行设计，单元应当提供教学的总体框架。我倾向于把这种初始设计看成是草拟单元设计（draft unit plan）。这一名称有助于传达这样的事实，即单元教学总是一项不断完善的工作。

在草拟单元计划中，教师应当能够根据单元教学的进度自由调整日常活动，以便利用好各种学习机会，或能基于学生反馈改进自己的活动。尽管这暗示着教师需要有灵活性，但并不意味着单元设计不需要深思熟虑。为了把握灵活性与周密设计之间的平衡，我提议一种易于操作的设计，如图 11.6 所示。

第1天	呈现和说明单元的能力等级量表（设计问题1）。 使用可汗学院视频引入集中趋势主题（设计问题3）。 为关键术语提供直导教学（设计问题3）。 布置家庭作业，要求阅读书的章节（设计问题6）。
第2天	简要回顾内容（设计问题6）。 观看描述集中趋势概念的可汗学院片段（设计问题3）。 示范计算平均数、中位数和众数的程序（设计问题4）。 激发学生参与计算平均数、中位数和众数的指导性操练（设计问题4）。 家庭作业为独立练习平均数、中位数和众数的计算（设计问题6）。
第3天	提醒学生学习目标和能力等级量表（设计问题1）。 让学生根据能力等级量表评估自己目前的知识水平（设计问题2）。 开展平均数、中位数和众数概念的比较活动（设计问题4）。
第4天	平均数、中位数和众数的测验（设计问题2）。 使用可汗学院片段引入离差概念和离差量数概念（设计问题3）。 示范计算标准差、极差和四分位数的程序（设计问题4）。 激发学生参与计算标准差、极差和四分位数的指导性操练（设计问题4）。 家庭作业为独立练习标准差、极差和四分位数的计算（设计问题6）。
第5天	提醒学生学习目标和能力等级量表（设计问题1）。 让学生根据能力等级量表评估自己目前的知识水平（设计问题2）。 开展关于标准差、极差和四分位数计算中典型错误的误差分析活动（设计问题4）。
第6天	标准差、极差和四分位数的测验（设计问题2）。 组织学生开展小组数据搜集活动并提供资源（设计问题5）。
第7天	让学生小组收集用于分析分布情况的数据。
第8天	让学生小组使用班级收集的数据计算各种集中趋势量数和离差量数，并使用两类图表呈现分布情况（设计问题5）。
第9天	让每个学生书面描述自己在小组中计算的集中趋势量数和离差量数，以及用来描绘数据的图表；每个学生主张和辩护自己计算的集中趋势量数与离差量数的相对效用，以及自己用来呈现数据的两类图表的相对效用（设计问题2和5）。
第10天	展开对学生主张及其辩护的全班性回顾评论（设计问题2和6）。

图11.6 集中趋势和离差的草拟单元设计样例

在图 11.6 中，样例单元的每日活动是在下列设计领域内进行编码的。
◇设计领域 1：明确学习目标。
◇设计领域 2：实施教学评估。
◇设计领域 3：开展直导教学。
◇设计领域 4：积极练习/拓展。
◇设计领域 5：灵活应用知识。
◇设计领域 6：善用教学策略。

要注意，这种编码的目的在于促进对这一特定案例的理解。不过，并不期望教师在设计灵活的单元草拟计划时纳入这样的编码。

图 11.6 的草拟单元计划是从呈现集中趋势的能力等级量表和对词汇与细节的直导教学开始的，有些是使用可汗学院视频呈现的。之后教师移至练习/拓展活动。教师在整个单元中定期使用这种活动。课程以知识应用任务作为结束，在应用任务中，学生生成并支持自己的主张。帮助学生不断整合新旧知识与完善理解的活动要贯穿为期 10 天的一个单元。

正如图 11.6 所示，当谈及计划时，《新教学艺术与科学》的前六个设计问题是最为重要的。图 11.7 呈现了这前六个设计问题。

设计问题 1	我将如何沟通明确的学习目标，帮助学生理解期望他们掌握的知识发展水平和他们所处的发展水平？
设计问题 2	我将如何设计和实施评估，帮助学生理解他们的测验评分和评等是如何体现其在预期知识发展水平中位置的？
设计问题 3	面对新内容，我将如何设计和传递直导教学课，帮助学生理解哪些部分是重要的，这些部分是如何整合在一起的？
设计问题 4	在呈现内容后，我将如何设计和传递课时，帮助学生加深理解，熟练掌握技能和过程？
设计问题 5	在呈现内容后，我将如何设计和传递课时，帮助学生通过知识应用生成主张并为之辩护？
设计问题 6	通盘考虑所有类型的课，我将使用什么策略帮助学生不断整合新旧知识并由此完善自己的理解？

图 11.7　前六个设计问题

这六个问题是单元设计的核心。教师对这些问题的认真回答，有助于确保学生通过组织良好的知识连续统（continuum of knowledge）获得进步，并且这些知识连续统整合了其他单元的知识。

设计问题 7 到 10 涉及的是学习的心理环境。与其将这些领域的策略融入到整体单元设计之中，还不如由教师在日常教学中提醒自己。为此，教师可以使用图 11.8 所示的形式。我将之称为"每日提示"而非"每日课时计划"。

我今天将如何激发学生参与？
  我们将玩词汇游戏。
我今天应当关注哪些特定学生，我将采取什么行动？
  玛利娅和布兰登（Maria and Brandon）。
  ◇提醒他们规则和程序，或者给予鼓励。
  ◇走出自我，建立积极的联系。
   我将在对话中激发玛利娅（Maria）。
  ◇走出自我，与不愿意学习者互动。
   我确定会问布兰登（Brandon）一些难题，如果他回答有困难，我会一直帮助他。

图 11.8　每日提示样式

每日提示样式的第一部分专门涉及的是参与度。它应对的是设计问题 7。正如第七章讨论的，参与度是学习的入口，并代表着各种心理状态与过程，比如注意、活力、兴趣和热诚等等。为此，教师应当在脑中思考怎么去落实，做好简单的笔记，提醒自己最有可能激发学生高参与度的活动。

每日提示的第二部分涉及设计问题 8，9，10——分别是规则与程序、良好关系和效能期待。教师同样也应当在脑中思考怎么去落实，因为这些方面会随着环境变化，以及学生每天需求的变化而发生变化。要注意，每日提示的第二部分要求教师持续关注特定的学生，这些学生可能需要特别关注，因为他们比其他学生有更大的需求，或者因为教师平时没有给这些学生以相同水平的注意。图 11.9 呈现了相关的四个设计问题。

设计问题 7	我将使用怎样的参与激发策略，帮助学生集中注意力，并有活力、有兴趣，表现出对学习的热诚？
设计问题 8	我将使用什么策略，帮助学生理解和遵守规则与程序？
设计问题 9	我将使用什么策略，让学生感到自己是受欢迎、被接受和受重视的？
设计问题 10	我将使用什么策略，让那些不愿意学习者感到自己是受重视的，并且在和我或者同伴互动时心情舒畅？

图 11.9　面向环境的设计问题

建议 3：使用混合教学

随着诸如可汗学院（www.khanacademy.org），WolframALpha（www.wolframalpha.com）等免费网络材料的出现，混合学习不再是课堂教学的未来，而是当下。在《新教学艺术与科学》中，教师应当直接根据能力等级量表设计网络材料。为说明这一点，请体会图 11.10 的能力等级量表，它描绘了分值 2.0，3.0 和 4.0 的内容。

4.0	描述如果水循环的某个特定过程发生剧烈变化，某个特定地方的气候模式将会发生什么，并为之辩护。	◇描述学生应当解决的具体要求 ◇先前学生的案例
3.0	获得以下方面的理解： ◇水循环过程（冷凝、降水、地面径流、渗透和蒸发）如何影响气候变化？ ◇不同地球大气层的温度和压强的影响。	◇可汗学院视频 ◇教师创建的截屏视频 ◇书本页面 ◇练习单 ◇简短的形成性评价
2.0	识别和回想起基本术语，如气候模式、大气层、平流层、对流层。 识别或回想起孤立的细节，比如： ◇降水是水循环的一个过程。 ◇对流层是大气层的最底层。	◇可汗学院视频 ◇教师创建的截屏视频 ◇书本页面 ◇练习单 ◇简短的形成性评价

图 11.10　带有资源的能力等级量表

图 11.10 的右侧一栏列举了学生可获得的网络资源。有些资源是来自类似可汗学院的网站。有些资源是教师使用免费的视频截屏网站创建的。有些是硬拷贝指南（hardcopy directions）、练习单、评估，甚至是转换成便携式文档格式（PDFs）和电子储存的书本页面。久而久之，每个量表每个水平的资源会得到扩展，教师和学生随时随地都可以获得一系列电子资源。

建议 4：确保蕴含认知与元认知技能的可靠又可行的课程

第一章关注的是提供清晰的学习目标和目的。它强调使用能力等级量表作为策略，将内容聚焦至测验主题，这些主题表现出清晰的知识发展过程。该章的例子是关于个体教师使用单元教学组织内容的，事实上，学校或学区的努力也能够发挥作用的。更具体地说，我建议学区确定各学科和各年级的测验主题，每个主题配以相应的能力等级量表。

学校和学区常犯的一个错误是，试图为国家、州和地方层面的每一个标准制定能力等级量表。这一路径的问题是，国家、州和地方标准太多了，很难在既定的学年里教完。正如第一章所述，该问题的解决方法是由学校或（更好的是）学区来确定各年级和各学科少量的重要主题。再次地，如第一章所提到的，茱莉娅·西姆斯（Julia Simms, 2016）指导了这类主题的开发。在数学、英语语言艺术和科学这三个学科领域中，西姆斯总共确定了大约五百个主题，平均每个年级每个学科约有 13 个主题。这为《新教学艺术与科学》蕴含的认知与元认知技能留下了充足的空间。

认知技能是"有效加工信息并完成任务需要的技能"（Marzano 等，2013，第 24 页）。认知技能是《新教学艺术与科学》的设计领域 3，4，5 和 6 固有的。表 11.1 包含了共同的认知技能列表。

表 11.1 认知技能

认知技能	定义
生成结论	综合信息创造新观点
鉴别常见逻辑错误	分析结论或论据的有效性或真实性

续表

认知技能	定义
展示和支持主张	使用理由和证据来支持新观点
搜索数字资源	找到相关的在线信息或电子资源，评估其可信度
问题解决	寻找达到目标的障碍和限制条件
决策	从若干选项中合理选出最佳选项
实验	生成事件或现象的解释，检验这些解释的准确性
调查	鉴别某主题、某事件或某观点所存在的问题，并发现答案、找到解决方案或作出预测
鉴别观点之间的基本联系	理解和识别两种观点是如何通过时间、因果、附加条件或对比产生联系的
生成并熟练使用心智图像	在脑海中创建图像、符号或想象情境，并使用它们检验观点和解决方案

元认知技能允许我们对所从事的复杂任务发挥执行控制功能。《新教学艺术与科学》在内容设计领域也包括元认知技能。表 11.2 是元认知技能列表。

表 11.2　《新教学艺术与科学》中的元认知技能

认知技能	定义
规划目标并作出调整	设置长期或短期目标，制定实现这些目标的计划，需要时作出调整。
当答案和解决方案不能立刻显现时，仍然不放弃	当尝试解决复杂问题时，认识到会遇到挫折，并能重新参与到任务中。
突破知识与技能的限制	设置或调整目标，去获取新知识或新技能，而不是只肯待在舒适区内。
形成并追求自身的卓越标准	当努力创造产出时，确定最后应有的结果和判断成功的标准。
寻求聚沙成塔	以易管理组块的方式获取知识或技能，避免负担过重，并考察各部分和整体的关系。
寻求准确性	分析信息来源的可靠性，通过查询多重来源核实信息。

续表

认知技能	定义
寻求明确性	在吸收新信息时,注意自己的困惑,并设法减少困惑。
抵制冲动	不匆忙作出回应或形成结论,会停一下考虑作出调整或收集更多信息。
寻求连贯性和一致性	监控系统各部分的关系,以及部分和整体的关系,在其不稳定或没有产生预期结果时作出调整。

来源:Marzano 等,2017。

认知和元认知技能本身就代表着一种显性课程,教师应当在各年级都教授和强调这些技能。表 11.3 和 11.4 分别列出了从幼儿园(k)到 8 年级和高中年级的认知技能范围与序列建议表。

表 11.3　K－8 年级认知技能范围与序列

认知技能	K	1	2	3	4	5	6	7	8
生成结论		×		×		×		×	
鉴别常见逻辑错误			×		×		×		×
展示和支持主张			×		×				×
搜索数字资源						×		×	×
问题解决		×		×		×	×	×	
决策				×		×		×	×
实验		×			×	×		×	
调查					×	×		×	×
鉴别观点之间的基本联系	×	×	×	×					
生成并熟练使用心智图像	×	×	×	×					

来源:Marzano 等,出版中。

表 11.4　高中认知技能范围与序列

认知技能	9 英语	9 数学	9 社会	9 科学	10 英语	10 数学	10 社会	10 科学
生成结论	×				×			
鉴别常见逻辑错误	×				×			
展示和支持主张	×			×	×			×
搜索数字资源								
问题解决		×				×		
决策			×				×	
实验				×				×
调查	×		×		×		×	
鉴别观点之间的基本联系								
生成并熟练使用心智图像								

来源：Marzano 等，出版中。

正如表 11.3 所示，教师可以在整 K—8 年级课程中合理分配认知技能。低年级阶段主要强调鉴别观点之间的基本联系和生成并熟练使用心智图像，这是分析和加工信息的基础。整个 K—8 阶段都强调生成结论。从 2 年级开始，就强调展示和支持主张以及鉴别常见逻辑错误这一相关技能。搜索数字资源这一技能是从 5 年级开始着重强调的。

表 11.4 表明，中学阶段处理认识技能的方式是不同的，技能通常与具体学科相适应。比如，展示和支持主张适合于英语语言艺术与科学。问题解决和数学相匹配，实验与科学相匹配，调查则与英语语言艺术和社会科学相匹配。最后，要注意，10 年级之后，就不再明确教授认知技能了。到 11 年级，学生应当理解并能充分执行这些过程，因此教师能在 11 年级和 12 年级的任一科目中使用这些技能。

元认知技能呈现的模式与认知技能相似。表 11.5 描述了 K—8 年级的元认知技能范围与序列；表 11.6 描述了高中阶段的范围与序列。

表 11.5 K—8 年级元认知技能范围与序列

元认知技能	K	1	2	3	4	5	6	7	8
规划目标并作出调整		×	×		×		×		×
当答案和解决方案不能立刻显现时，仍然不放弃		×		×		×		×	
突破知识与技能的限制						×		×	
形成并追求自身的卓越标准					×				×
寻求聚沙成塔			×		×		×		×
寻求准确性		×		×			×		
寻求明确性	×		×		×				
抵制冲动	×			×					
寻求连贯性和一致性			×		×		×		×

来源：Marzano 等，出版中。

表 11.6 高中元认知技能范围与序列

元认知技能	9 英语	9 数学	9 社会	9 科学	10 英语	10 数学	10 社会	10 科学
规划目标并作出调整			×				×	
当答案和解决方案不能立刻显现时，仍然不放弃		×				×		
突破知识与技能的限制	×				×			
形成并追求自身的卓越标准	×				×			
寻求聚沙成塔								
寻求准确性				×				×
寻求明确性				×				×
抵制冲动		×				×		
寻求连贯性和一致性	×				×			

来源：Marzano 等，出版中。

如表 11.5 所示，教师可以将某些元认知技能，如规划目标并作出调整贯穿整个课程。但另一些技能，如形成并追求自己的卓越标准更适合于高年级阶段。表11.6 表明，在高中阶段，元认知技能要与具体学科相适应。比如，当答案和解决方案不能立刻显现时仍然不放弃和数学比较匹配，寻求连贯性和一致性则和英语语言艺术，尤其是写作相匹配。同样地，10 年级之后就不再直接教授元认知技能了，因为之后学生应该已经发展了足够的技能，确保能在任一科目中使用这些技能。

建议 5：依据课堂测量

第二章回答的是评估问题，并引入了测量（measurement）的概念代替当前对测验（tests）的强调。正如该章所说，这一方式对教师、学校和学区来说都是可行的变革。学区和学校可以根据课堂评估测量学生的状态和成长，而不是只使用脱离课堂的测验。许多学校和学区常常发现自己处于后一种情境之中。它们几乎只依据基准评估和期末评估作为学生掌握关键内容的证据。这并非最佳选择，理由如下。

第一，基准评估和期末评估次数很少，对学生和教师来说用处不大。期末评估尤其如此，因为根据定义，它们只在课程结束之后实施。基准评估虽然是在学年内实施的，但它们通常只是间断性实施（每月一次或每季度一次）。它们当然比期末评估更有用，但无法满足教师和学生日常的反馈需求。

第二，基准评估次数太少，过分强调了单次测验的重要性。任何单次的评估都存在许多误差，没有一项评估能够完美地及时测量某一时刻学生知道什么、能做什么，单次评估的误差是这一情况的必然产物。事实上，测验设计者已经提供了度量指标，来帮助我们辨别学生单次评估分数的可信程度。一个度量指标是信度系数，它的范围是 0.00—1.00。一次测验的信度系数是 0.00，就意味着学生的分数根本不能信。因为如果学生不断重复测验（并且神奇地忘记了之前测验的内容），那么他们每次将会获得完全不同的分数。幸运的是，设计期末评估和基准评估的公司是不会允许信度系数为 0 的测验投入使用的。如果学生不断重复测验（并且忘记了之前测验的内容），他们将会一直获得同样的分数。不幸的是，设计期末评估和基准评估的公司不能设计出信度系数为 1.00 的测验，因为这也是不可能的。

表 11.7 展现了信度系数低于 1.00 时测验的内在误差值。

表 11.7　95％置信区间

信度	观测分数	下限	上限	幅度
0.85	75	69	81	12
0.75	75	67	83	16
0.65	75	65	85	20
0.55	75	64	86	22

注：标准差＝8.33。

表 11.7 描绘了单次测验单个分数具有的可信程度。学生某次测验获得的分数是观测分数。在这个例子中，每次的观测分数都是一样的：75 分（满分为 100 分）。由于所有的观测分数都包含同样的误差，通常的做法就是计算 95％置信区间——指学生真实分数实际落在这个分数区间的可能性是 95％。如表 11.7 所示，测验的信度越高，区间就越窄。比如，假设学生在测验中获得观测分数 75 的信度为 0.85，那么真实分数落在 69 至 81 区间的可能性就为 95％。如果在测验中获得观测分数 75 的信度为 0.55，那么 95％置信区间就为 64 至 86 区间。表 11.7 生动展现了任何评估类型中的单次分数总是学生实际分数的近似值。

第三，使用期末评估和基准评估作为测量学生的主要信息，忽视了课堂评估可以提供的丰富数据。第二章通过讨论基于能力等级量表的评估，解决了这一问题。第二章也引入了测量过程的概念作为实施课堂评估的新方法。简言之，所有的评估都应该使用特定能力等级量表进行设计，将同样的内容设置为明确定义的水平。这样，教师能持续追踪每个学生的分数，学生的成长也会变得易于观测了。

这种追踪强有力的优势之一是，教师能得出每个学生非常准确的总结性评价或最终分数估算值。为说明这一点，参见图 11.11。

图 11.11 描绘了某个学生在六次特定能力等级量表评估中的分数。学生的起始观测分数为 1.50，结束观测分数为 4.00。图 11.11 也描绘了通过观测分数计算学生最终分数的三种方式，呈现为三条线。水平直线代表平均分数。如果我们使用平均分来总结学生的分数，那么最终分数就是 2.50。从左到右等距增长的直线

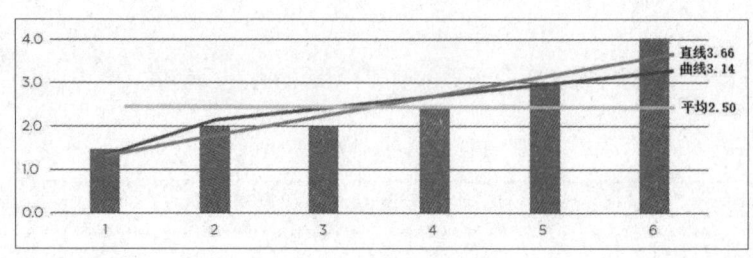

图 11.11　数学模型

代表学生分数的直线趋势。如果我们使用这条线估计学生的最终分数，那么学生得分将是 3.66。曲线代表着趋势。如果使用这条线计算学生的最终分数，学生将得到 3.14 分。每条线都代表着对学生年级末真实状态的数学评估。每种方式都假设观测分数包含了误差，并且每种方式都蕴含着学生学习的相关假设（Marzano，2006；Marzano 等，出版中）。

平均数使用的假设是没有学习发生。换句话说，平均数假设不同评估中学生分数的差异只是由于误差。如果学生在每次评估中得到完全准确的分数，所有的分数都应该是 2.50。直线趋势的假设是学习最好描述为多次评估过程中分数的递增。换言之，该模型假设每次评估总存在误差，但学生的真实状态总是在不断上升，最终实际得到 3.66 分。曲线趋势假设学习最好解释为分数开始时大幅上升后来趋于平稳的过程。如果我们接受这一模型，学生最后的分数预测为 3.14 分。

有数学公式能估计哪一种模型最接近观测分数（参见 Marzano，2006；Marzano 等，出版中）。另外，基于网络的工具能自动为教师提供全部计算。在图 11.11 的例子中，直线趋势是最符合数据的。因此，学生得到的最准确的最终分数为 3.66 分。

类似图 11.11 展示的自动计算，能帮助学校和学区实现根据教师设计的评估来计算学生的准确分数，从而转变几乎完全依赖脱离日常教学的测验的评估方式。

建议 6：改革成绩报告单

第一章和第二章呈现的能力等级量表和测量概念要求前测成绩和报告单。在我的系列著作中（Marzano，2006，2010b），我提议要改变学校使用的成绩报告单，报告单应显示出学生的状态和成长。图 11.12 展示了这样的报告单。

第十一章 作出系统变革

姓名	Lori Fedorowicz
地址	1230 Grape Street
城市	Anytown，CO8000
年级	5

英语语言艺术	2.56	B−		生成结论	2.70	B
数学	3.18	A−		搜索数字资源	3.50	A
科学	2.56	B−		保持专注不放弃	3.00	A−
社会	2.94	B+		寻求准确性	3.00	A−
艺术	2.75	B				

		0.5	1.0	1.5	2.0	2.5	3.0	3.5	4.0
英语语言艺术									
解码	2.5								
分析文本组织与结构	1.5								
分析观点与主题	2.0								
分析主张	3.5								
分析叙事	2.5								
比较文本	1.0								
分析词汇	2.5								
生成文本组织与结构	3.0								
生成句子结构	3.0								
生成主张	3.0								
运用引文	2.5								
生成叙事	2.5								
生成观点和主旨	3.0								

面向特定受众写作	3.0								
使用具体词汇与词类	3.0								
合理使用标点、大写和拼写	2.0								
修正与编辑	3.0								
英语语言艺术平均分	2.56								
认知技能（英语语言艺术）									
生成结论	2.5								
搜索数字资源	3.5								
元认知技能（英语言艺术）									
保持专注不放弃	3.0								
寻求准确性	3.0								
数学									
小数	3.0								
分数	3.0								
面积	3.0								
体积	2.5								
乘法	3.5								
除法	3.5								
比较符号	4.0								
指数	3.0								
序偶和坐标	3.0								
加法和减法	4.0								
参数	4.0								
数据表示	3.0								
数组集中趋势	3.0								
数字模式	3.0								

概率	3.0								
对称	3.0								
二维图	4.0								
基本运算	2.5								
因子和倍数	2.5								
测量	3.0								
数学平均分	3.18								
认知技能（数学）									
生成结论	3.0								
搜索数字资源	3.5								
元认知技能（数学）									
保持专注不放弃	3.5								
寻求准确性	3.5								
科学									
物质及其相互作用	2.5								
运动和稳定：力和相互作用	3.0								
能量	3.0								
从分子到有机体：结构与过程	2.5								
生态系统：相互作用、能量和动力	2.5								
地球在宇宙中的地位	2.0								
地球系统	2.0								
地球和人类活动	3.0								
工程设计	3.0								
科学平均分	2.56								
认知技能（科学）									

项目	分数
生成结论	2.5
搜索数字资源	3.5
元认知技能（科学）	
保持专注不放弃	2.5
寻求准确性	2.5
社会	
历史：分析和说明史料	3.5
历史：西半球学区的历史时代、人物、团体、观点和主题	3.5
地理：使用地理工具	3.0
地理：人类和物理系统	3.0
经济学：不同的经济体系	2.5
经济学：个人金融素养	3.0
公民学：美国和其他国家的关系	2.5
公民学：政府的多重体制	2.5
社会平均分	2.94
认识技能（社会）	
生成结论	3.0
搜索数字资源	3.5
元认知技能（社会）	
保持专注不放弃	3.0
寻求准确性	3.0
艺术	
知觉技能与视觉艺术词汇	3.0
艺术要素与设计原则	3.0
技能、加工、材料和工具	2.5

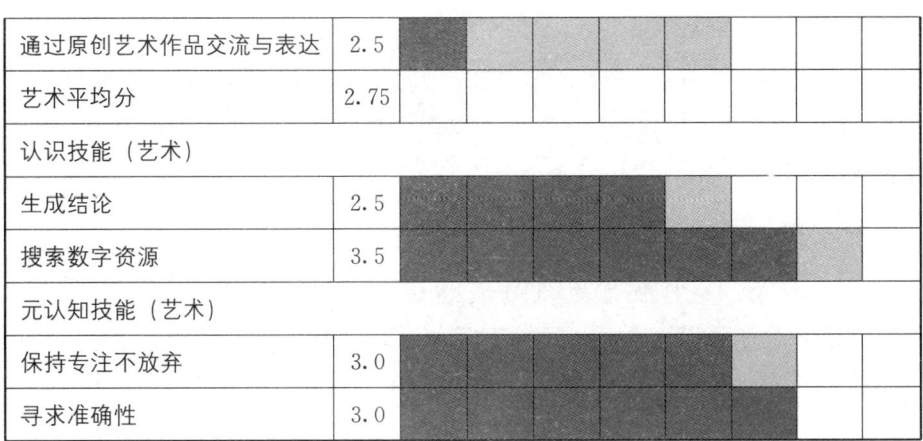

图 11.12　标准参照型成绩报告单

　　■＝学年始学生的首次分数

　　▨＝年级末学生的能力等级分数

来源：改编自 Marzano 等，出版中。

图 11.12 的条形图呈现了学生在具体能力等级量表中的分数。条形图的暗色部分显示了学年开始学生的首次分数。条形图的浅色部分显示了年级结束学生在能力等级量表中的分数。正如建议 5 谈到的，教师可以使用最符合数据的数学模型计算学生的最终分数。为了适合报告的要求，分数往往四舍五入取最接近的一位小数或两位小数。我发现这是学校通常的做法。

报告单中，科目总分是根据最终能力等级分数的平均分计算的。为说明这一点，体会一下英语语言艺术科目。这一科目的能力等级量表包括：解码；分析文本组织与结构；分析观点和主题；分析主张；分析叙事；比较文本；分析词汇；生成文本组织和结构；生成句子结构；生成主张；运用引文；生成叙事；生成观点和主旨；面向特定受众写作；使用具体词汇与词类；合理使用标点、大写和拼写；修正和编辑。教师计算这些测量主题的总体平均分，最终得到总分 2.56。

要注意的是，图 11.12 也包含了认知与元认知技能的能力等级量表分数。具体地说，每个科目会报告以下认知技能的分数：生成结论和搜索数字资源。每个科目报告的元认知技能分数包括：保持专注不放弃和寻求准确性。

报告单的上面部分是传统的字母等级。它们是根据表 11.8，将总体平均分转化为总体等级得到的。

表 11.8 的转换量表具有良好的逻辑。因为能力等级量表中 3.0 的分值代表着内容上的精熟水平，平均分 3.0 及以上就意味着学生落在 A 等级范畴。平均分 2.50 到 2.99 意味着学生落在 B 等级范畴。2.5 分表明学生只知道简单的内容，只具有目标内容的部分知识。

表 11.8　能力等级量表分值到字母等级的转换表

平均能力等级量表分值	字母等级
3.75—4.00	A$^+$
3.26—3.74	A
3.00—3.25	A$^-$
2.84—2.99	B$^+$
2.67—2.83	B
2.50—2.66	B$^-$
2.34—2.49	C$^+$
2.17—2.33	C
2.00—2.16	C$^-$
1.76—1.99	D$^+$
1.26—1.75	D
1.00—1.25	D$^-$
低于 1.00	F

来源：改编自 Marzano，2016b。

建议 7：调整教学计划，解决教师效能差异

教学计划是 K—12 年级教育中对教学实践制约最强的一种做法。传统的教学计划假定在特定的学时内，某一组学生一整年都是由同一个教师任教。这加剧了教师对学生的差异效能。设想每个年级都有三个教师，第一个教师胜任力很高，第二个教师胜任力一般，第三个教师胜任力欠缺。这三个教师所教的学生能力都

是同样的。可以想象，高胜任力教师班级的学生将表现得最好，胜任力欠缺教师班级的学生将表现得最差。研究者用更为具体的统计术语来说明这个观点。比如，芭芭拉·奈伊等人（Barbara Nye, Spyros Konstantopoulos and Larry B. Hedges, 2004）总结了教师差异效能控制性研究的结果：

结果显示了不同教师影响下的成就差异，在阅读方面，第 25 百分位的教师（不太高效的教师）和第 75 百分位的教师（高效教师）相差 0.35 的标准差，在数学方面两者相差 0.48 的标准差。类似地，在阅读方面，第 50 百分位的教师（普通教师）和第 90 百分位的教师（非常高效的教师）相差 0.33 的标准差，在数学方面两者相差 0.46 的标准差……这些效应已经足够明显了，同时也具有政策意义（第 253 页）。

事实上，教师的专长差异导致了学生的差异化学习。当然，一个有效的解决办法是保证所有教师都是高胜任力的。这应当是一直追求的目标，但这个目标不容易实现，尤其是考察一下我们对专长是什么的了解时。具体地说，在复杂的实际场域，比如说教学，发展专长需要十年的刻意练习（参见 Ericsson & Charness, 1994; Ericsson, Krampe, & Tesch-Romer, 1993）。显然，很少有学校能轻易地实现让所有教师都变得高效这一目标，尤其是学校有许多教师会发生流动，或者有许多新教师。不过，在朝着提高所有教师的效能这一目标进发时，学校至少能做以下三件事情。

第一是增加学生从高胜任力教师那获得直导教学的机会。如果教学计划和设施允许，学生可以在学校大会堂或全功能教室集中起来，参加高胜任力教师的直导教学课。正如本章第 3 条建议提到的，高胜任力教师可以就能力等级量表中的重要内容，制作截屏视频或录像。

第二种解决教师差异效能的方法是，安排既定班级的学生从不同的教师那接受教学。使用分组和重组协议能够实现这一点。具体来说，大约每周，学生按照在某个科目具体能力等级量表中的表现水平分组。比如，在五年级，某一周的教学重点是英语语言艺术领域的"面向特定受众写作"。根据该领域的能力等级量表，学生分成三组：（1）学习 2.0 分值内容的学生；（2）学习 3.0 分值内容的学生；（3）学习 4.0 分值内容的学生。在英语语言艺术学习阶段，学生跟随和自身水平相适配的教师学习。一些学校将这类组合时期称为 FIT，亦即"集中教学时间"（focused instructional time）。一般情况下，高效的教师会教那些仍处于 2.0

分值水平的学生，因为这些学生需要最专业的教学指导。

第三种方法和建立 FIT 类似。不过，和根据学生在具体领域的表现进行分组不同，学生可以自由选择和学科中有胜任力的任何教师一起学习。在这个过程中，可以预留单独的上课时间用于师生互动。师生互动可以涉及关于特定主题水平的补充教学，在特定主题水平对学生进行评估，以及关于任何学术主题的一般互动。

建议 8：逐渐走向基于能力的系统

《新教学艺术与科学》蕴含的最为深刻的系统变革是，要朝着基于能力的系统转变。尽管对基于能力的教育存在不同的理解（参见 Marzano 等，出版中），不过，达成的核心共识是，只有在学生证明已经具备了较低水平的能力（如四年级数学）时，才学习更高水平的内容（五年级数学）。此外，学生有权根据需要快速或慢速通过相应水平。当然，这要求改变教学计划，已超出了本书的范围（可见其他讨论，参见 Marzano 等，出版中）。在这样的情境下，教师需要对教学采取不同的立场。具体来说，基于能力的课堂教学和传统课堂教学的差异，在四种不同的教学组织结构中表现得非常明显，这四种组织结构包括：（1）全班教学；（2）小团体教学；（3）个别教学；（4）同伴教学。

全班教学

在传统系统中，全班教学（whole-class instruction）是最主要的教学活动。在基于能力的教育系统中，其地位大大削弱了，因为在任何时刻，学生都在学习不同的测量主题。在传统课堂中，教师在同一时间向全班展示每一个新主题。在基于能力的课堂中，教师在不同时间向不同学生讲解不同的主题。这不是说全班教学在基于能力的课堂中就没有价值了。事实上，如果教师感觉大部分学生对某个共同的主题都有困难，教师可以安排短期的全班教学课来解决这些问题。那些没有困难的学生可以为学习最困难的学生提供帮助。

小组教学

在传统课堂中，当教师看到有机会实施差异教学，以满足小部分学生的需要时，小组教学（small-group instruction）就应运而生。比如，某个教师注意到一些学生对单元能力等级量表中的特定水平内容感到困难，此时教师可以预留一些教学时间，把这些学生组织到一起，为他们提供必要的讲解和资源。

基于能力的课堂也是类似的。不同之处在于，在基于能力的课堂中，教师可以根据每天的情况计划进行小组教学。事实上，这将是主要的教学形式。

个别教学

个别教学（individual instruction），是指教师根据每个学生的基础教授个别学生。这通常是以偶然的形式发生的。当教师在教室里四处走动，发现某个学生对学习感到很困难，教师就会给予个别关注了。在基于能力的课堂中，教师可以系统性地计划一对一教学。教师可以每天鉴别那些需要个别关注的特定学生。

同伴教学

在传统课堂中，同伴教学（peer-to-peer instruction）是很少发生的。一个原因是某个学生的长处和另一个学生的短处之间很难匹配成功。在基于能力的课堂中，这种匹配是很容易的。因为教师始终能获得学生当前的能力等级量表分数。这样，教师每天可以将能力不足的学生和乐意帮忙的学生配对。学生始终不应当被强迫去帮助别人，不过基于能力的课堂有助于创设强有力的协作文化与互帮互助的文化。

表 11.9 归纳了传统教育教学和基于能力的教学在这四种组织结构方面的差别。

表 11.9 基于能力的教学和传统教学的比较

教学策略	传统教学	基于能力的教学
全班教学	◇全部内容的主导教学形式 ◇包括新内容的直导教学、练习拓展、应用知识和一般教学策略	◇只在特定情形下发生，比如大多数学生有同样的问题，或涉及某个特定的测量主题时，教授认知与元认知技能可以使用这种形式
小组教学	◇当一组学生有同样的问题时，会使用这种形式	◇主要的教学模式 ◇根据每天的情况明确计划
个别教学	◇根据个别学生的需要使用这种形式 ◇是偶然发生的	◇根据个别学生的需要使用这种形式 ◇定期计划
同伴教学	◇很少发生	◇教学的主要形式

结 论

《新教学艺术与科学》不只是先前版本（Marzano，2007）的修订。尽管它在策略的数量和类型上有了明显的增加，但主要的转变是其采取的视角不同了。必须聚焦学生的心理状态和过程，而不是教师的行为。当然，这并不意味着教师行为是不重要的。事实上，正是教师的行为引起了特定的心理状态和过程。不幸的是，K—12年级教育几乎没有审视过教师的行为。因此，《新教学艺术与科学》明确了具体的学生指标，以揭示对教学模式中所有要素都有效的策略。《新教学艺术与科学》也强调面向教师的课堂评估与反馈和面向学生的评估与反馈之间的协同关系，就课堂评估的本质与目的提出了新观点。最后，《新教学艺术与科学》是我个人的教育宣言（declaration or manifesto），提出了学校和学区政策的八项变革。如果这些变革得以实施，就能改变K—12年级学校教育的性质。我相信，所有这些变革要求，都是从《新教学艺术与科学》框架启示中得到的合乎逻辑的结果。

参考文献和学习资源

Achieve. (2013). Next Generation Science Standards: DCI arrangements of the Next Generation Science Standards. Washington, DC: Author. Accessed at www. nextgenscience. org/sites/default/files/NGSS%20DCI%20Combined%2011. 6. 13. pdf on July 12,2016

Alfieri,L. ,Brooks,P. J. ,Aldrich, N. J. ,& Tenenbaum, H. R. (2011). Does discovery-based instruction enhance learning? Journal of Educational Psychology,103(1),1—18.

Anderson,J. R. (1983). The architecture of cognition. Cambridge, MA: Harvard University Press.

Basileo,L. D. ,& Marzano,R. J. (2016,June 16—17). The Marzano model: How much does it really matter? Session presented at the Building Expertise conference,Orlando,FL.

Basileo,L. D. , Toth, M. A. , & Kennedy, E. A. (2015, May). Final report: Pinellas County Public Schools 2013—2014 multiple measures pilot results. West Palm Beach,FL: Learning Sciences International.

Burns,M. K. (2004). Empirical analysis of drill ratio research: Refining the instructional level for drill tasks. Remedial and Special Education,25 (3),167—173.

Cazden,C. B. (1986). Classroom discourse. In M. C. Wittrock(Ed.), Handbook of research on teaching (3rd ed. ,pp. 432—463). New York: Macmillan.

Chidester,T. R. ,& Grigsby,W. C. (1984). A meta-analysis of the goal setting performance literature. Academy of Management Proceedings,202—206.

Conley,D. T. (2014). Getting ready for college, careers, and Common Core: What every educator needs to know. San Francisco: Jossey-Bass.

de Bono,E. (1998). Six thinking hats(rev. and updated ed.). Boston: Bay Back Books.

Donovan,J. J. ,& Radosevich,D. J. (1998). The moderating role of goal commitment on the goal difficulty-performance relationship: A meta-analytic review and critical reanalysis. Journal of Applied Psychology,83(2),308—315.

DuFour,R. ,DuFour,R. ,Eaker,R. ,Many,T. W. ,& Mattos,M. (2016). Learning by doing: A handbook for professional learning communities at work™. Blooming,IN: Solution Tree Press.

Dweck,C. S. (2006). Mindset: The new psychology of success. New York: Random House.

Einstein,A. (1970). Reply to criticisms. In P. A. Schilpp(Ed.), Albert Einstein: Philosopher-scientist(pp. 665 — 688). Evanston, IL: Library of Living Philosophers. (Original work published 1949)

Ericsson,K. A. ,& Charness, N. (1994). Expert performance: Its structure and acquisition. American Psychologist,49(8),725—747.

Ericsson,K. A. ,Krampe,R. T. ,& Tesch-Romer,C. (1993). The role of deliberate practice in the acquisition of expert performance. Psychological Review,100(3),363—406.

Fitts, P. M., & Posner, M. I. (1967). Human performance. Belmont, CA: Brooks/Cole.

Fuchs, L. S., & Fuch, D. (1985). The effect of measuring student progress toward long vs. short-term goals: A meta-analysis. (ERIC Document Reproduction Service No. ED263142) Accessed at http://eric.ed.gov/?id=ED263142 on April 8, 2009.

Gollwitzer, P. M., & Sheeran, P. (2006). Implementation intentions and goal achievement: A meta-analysis of effects and process. Advances in Experimental Social Psychology, 38, 69−119.

Graham, S., & Perin, D. (2007). Writing next: Effective strategies to improve writing of adolescents in middle and high schools-A report to Carnegie Corporation of New York. Washington, DC: Alliance for Excellent Education. Accessed at www.all4ed.org/publications/WritingNext/WritingNext.pdf on January 24, 2009.

Hattie, J. (1999, August 2). Influence on student learning. Inaugural professional lecture given at the University of Auckland, New Zealand. Accessed atwww.teacherstoolbox.co.uk/downloads/managers/Influencesonstudent.pdf on January 24, 2009.

Hattie, J. (2009). Visible learning. A synthesis of over 800 meta-analysis relating to achievement. New York: Routledge.

Hattie, J., & Timperley, H. (2007). The power of feedback. Review of Educational Research, 77(1), 81−112.

Haystead, M. W., & Marzano, R. J. (2009, August). Meta-analytic synthesis of studies conducted at Marzano Research on instructional strategies. Centennial, CO: Marzano Research.

Heflebower, Th, Hoegh, J. K., & Warrick, P. (2014). A school leader's guide on standards-based grading. Bloomington, IN: Marzano Research.

Hunt, M. (1997). How science takes stock: The story of meta-analysis. New York: Russell Sage Foundation.

Klein, H. J., Wesson, M. J., Hollenbeck, J. R., & Alge, B. J. (1999). Goal commitment and the goal-setting process: Conceptual clarification and empirical synthesis. Journal of Applied Psychology, 84(6), 885−896.

Kluger, A. N., & DeNisi, A. (1996). The effects of feedback intervention on performance: A historical review, a meta-analysis, and a preliminary feedback intervention theory. Psychological Bulletin, 119(2), 254−284.

Kounin, J. S. (1970). Discipline and group management in classroom. New York: Holt, Rinehart and Winston.

Kounin, J. S. (1983, November). Classroom: Individual or behavior settings? Monographs in teaching and learning(General Series No. 1). Bloomington, IN: Indiana University, School of Education. (ERIC Document Reproduction Service No. ED240070)

Lipsey, M. W., & Wilson, D. B. (1993). The efficacy of psychological, educational, and behavioral treatment: Confirmation from meta-analysis. American Psychologist, 48(12), 1181−1209.

Locke, E. A., & Latham, G. P. (1990). A theory of goal setting and task performance. Englewood Cliffs, NJ: Prentice Hall.

Locke, E. A., & Latham, G. P. (2002). Building a practically useful theory of goal setting and task motivation: A 35-year odyssey. American psychologist, 57(9), 705—717.

Lord, C. G., & Taylor, C. A. (2009). Biased assimilation: Effects of assumptions and expectations on the interpretation of new evidence. Social and Personality Psychology Compass, 3(5), 827—841.

Marzano, R. J. (1992). A different kind of classroom: Teaching with dimensions of learning. Alexandria, VA: Association for Supervision and Curriculum Development.

Marzano, R. J. (1998, December). A theory-based meta-analysis of research on instruction. Aurora, CO: Mid-continent Regional Educational Laboratory. (ERIC Document Reproduction Service No. ED427087)

Marzano, R. J. (2003a). Classroom management that works: Research-based strategies for every teacher. Alexandria, VA: Association for Supervision and Curriculum Development.

Marzano, R. J. (2003b). What works in schools: Translating research into action. Alexandria, VA: Association for Supervision and Curriculum Development.

Marzano, R. J. (2006). Classroom assessment and grading that work. Alexandria, VA: Association for Supervision and Curriculum Development.

Marzano, R. J. (2007). The art and science of teaching: A comprehensive framework for effective instruction. Alexandria, VA: Association for Supervision and Curriculum Development.

Marzano, R. J. (2009a). Designing and teaching learning goals and objectives. Bloomington, IN: Marzano Research.

Marzano, R. J. (2009b). Setting the record straight on "high-yield" strategies. Phi Delta Kappen, 91(1), 30—37.

Marzano, R. J. (2010a). Developing expert teachers. In R. J. Marzano (Ed.), On excellence in teaching (pp. 213—245). Bloomington, IN: Solution Tree Press.

Marzano, R. J. (2010b). Formative assessment and standards-based grading. Bloomington, IN: Marzano Research.

Marzano, R. J. (2011). The perils and promises of discovery learning. Educational Leadership, 69(1), 86—87.

Marzano, R. J. (2012). Becoming a reflective teacher. Bloomington, IN: Marzano Research.

Marzano, R. J. (2017). Research base for The New Art and Science of Teaching. Centennial, CO: Marzano research.

Marzano, R. J., Brandt, R. S., Hughes, C. S., Jones, B. F., Presseisen, B. Z., Rankin, S. C., 等 (1988). Dimensions of thinking: A framework for curriculum and instruction. Alexandria, VA: Association for Supervision and Curriculum Development.

Marzano, R. J., Frontier, T., & Livingston, D. (2011). Effective supervision: Supporting the art and science of teaching. Alexandria, VA: Association for Supervision and Curriculum Development.

Marzano, R. J., Heflebower, T., Hoegh, J. K., Warrick, P., & Grift, G. (2016). Collaborative teams that transform schools: The next step in PLGs. Bloomington, IN: Marzano Research.

Marzano, R. J., & Kendall, J. S. (1996). A comprehensive guide to designing standards-based districts, schools, and classrooms. Alexandria, VA: Association for Supervision and Curriculum Development.

Marzano, R. J., & Kendall, J. S. (2007). The new taxonomy of educational objectives (2nd ed.). Thousand Oaks, CA: Corwin Press.

Marzano, R. J., & Kendall, J. S. (2008). Designing and assessing educational objectives: Applying the new taxonomy. Thousand Oaks, CA: Corwin Press.

Marzano, R. J., & Marzano, J. S. (2015). Managing the inner world of teaching: Emotions, interpretations, and actions. Bloomington, IN: Marzano Research.

Marzano, R. J., & Norford, J., Finn, M., & Finn, D. (in press). A handbook for personalized competency-based education. Bloomington, IN: Marzano Research.

Marzano, R. J., & Pickering, D. J. (2007a). The case for and against homework. Educational Leadership, 64(6), 74—79.

Marzano, R. J., & Pickering, D. J. (2007b). Errors and allegations about research on homework. Phi Delta Kappan, 88(7), 507—513.

Marzano, R. J., & Pickering, D. J. (2007c). Response to Kohn's allegations. Centennial, CO: Marzano and Associates.

Marzano, R. J., & Pickering, D. J. (2011). The highly engaged classroom. Bloomington, IN: Marzano Research.

Marzano, R. J., & Pickering, D. J., & Pollock, J. E. (2011). Classroom instruction that works: Research-based strategies for increasing student achievement. Alexandria, VA: Association for Supervision and Curriculum Development.

Marzano, R. J., Scott, D., Boogren, T., & Newcomb, M. L. (2017). Motivating and inspiring students: Strategies to awaken the learner. Bloomington, IN: Marzano Research.

Marzano, R. J., & Simms, J. A. (2013). Coaching classroom instruction. Bloomington, IN: Marzano Research.

Marzano, R. J., & Simms, J. A. (2014). Questioning sequences in the classroom. Bloomington, IN: Marzano Research.

Marzano, R. J., & Toth, M. D. (2013). Teacher evaluation that makes a difference: A new model for teacher growth and student achievement. Alexandria, VA: Association for Supervision and Curriculum Development.

Marzano, R. J., Yanoski, D. C., Hoegh, J. K., & Simms, J. A. (2013). Using Common Core standards to enhance classrooms instruction and assessment. Bloomington, IN: Marzano Research.

Marzano Research. (2010). What works in Oklahoma schools: Phase I state report. Centennial, CO: Author.

Marzano Research. (2011). What works in Oklahoma schools: Phase II state report. Centennial, CO: Author.

Marzano Research. (2016a). Acknowledging adherence to rules and procedures. Centennial, CO: Author.

Marzano Research. (2016b). Acknowledging lack of adherence to rules and procedures. Centennial, CO: Author.

Marzano Research. (2016c). Asking in-depth questions of reluctant learners. Centennial, CO: Author.
Marzano Research. (2016d). Celebrating success. Centennial, CO: Author.
Marzano Research. (2016e). Chunking content. Centennial, CO: Author.
Marzano Research. (2016f). Demonstrating intensity and enthusiasm. Centennial, CO: Author.
Marzano Research. (2016g). Demonstrating value and respect for reluctant learners. Centennial, CO: Author.
Marzano Research. (2016h). Demonstrating withitness. Centennial, CO: Author.
Marzano Research. (2016i). Displaying objectivity and control. Centennial, CO: Author.
Marzano Research. (2016j). Elaborating on information. Centennial, CO: Author.
Marzano Research. (2016k). Engaging students in cognitively complex tasks. Centennial, CO: Author.
Marzano Research. (2016l). Establishing rules and procedures. Centennial, CO: Author.
Marzano Research. (2016m). Examining errors in reasoning. Centennial, CO: Author.
Marzano Research. (2016n). Examining similarities and differences. Centennial, CO: Author.
Marzano Research. (2016o). Formal assessments of individual students. Centennial, CO: Author.
Marzano Research. (2016p). Generating and defending claims. Centennial, CO: Author.
Marzano Research. (2016q). Highlighting critical information. Centennial, CO: Author.
Marzano Research. (2016r). Increasing response rates. Centennial, CO: Author.
Marzano Research. (2016s). Informal assessments of the whole class. Centennial, CO: Author.
Marzano Research. (2016t). Maintaining a lively pace. Centennial, CO: Author.
Marzano Research. (2016u). Motivating and inspiring students. Centennial, CO: Author.
Marzano Research. (2016v). Noticing when students are not engaged and reacting. Centennial, CO: Author.
Marzano Research. (2016w). Organizing students to interact. Centennial, CO: Author.
Marzano Research. (2016x). Organizing the physical layout of the classroom. Centennial, CO: Author.
Marzano Research. (2016y). Presenting unusual information. Centennial, CO: Author.
Marzano Research. (2016z). Previewing. Centennial, CO: Author.
Marzano Research. (2016aa). Probing incorrect answers with reluctant learners. Centennial, CO: Author.
Marzano Research. (2016bb). Processing content. Centennial, CO: Author.
Marzano Research. (2016cc). Providing opportunities for students to talk about themselves. Centennial, CO: Author.
Marzano Research. (2016dd). Providing resources and guidance. Centennial, CO: Author.
Marzano Research. (2016ee). Providing scales and rubrics. Centennial, CO: Author.
Marzano Research. (2016ff). Purposeful homework. Centennial, CO: Author.

Marzano Research. (2016gg). Recording and representing knowledge. Centennial, CO: Author.
Marzano Research. (2016hh). Reflecting on learning. Centennial, CO: Author.
Marzano Research. (2016ii). Reviewing content. Centennial, CO: Author.
Marzano Research. (2016jj). Revising knowledge. Centennial, CO: Author.
Marzano Research. (2016kk). Structured practice sessions. Centennial, CO: Author.
Marzano Research. (2016ll). Tracking student progress. Centennial, CO: Author.
Marzano Research. (2016mm). Understanding students' backgrounds and interests. Centennial, CO: Author.
Marzano Research. (2016nn). Using academic games. Centennial, CO: Author.
Marzano Research. (2016oo). Using friendly controversy. Centennial, CO: Author.
Marzano Research. (2016pp). Using physical movement. Centennial, CO: Author.
Marzano Research. (2016qq). Using verbal and nonverbal behaviors that indicate affection for students. Centennial, CO: Author.
Mento, A. J., Steel, R. P., & Karren, R. J. (1987). A meta-analytic study of the effects of goal setting on task performance: 1966 — 1984. Organizational Behavior and Human Decision Process, 39(1), 52—83.
National Governors Association Center for Best Practices & Council of Chief State School Officers. (2010a). Common Core State Standards for English language arts and literacy in history/social studies, science, and technical subjects. Washington, DC: Authors. Accessed at www.corestandards.org/asserts/CCSSI_ELA%20Standards.pdf on July 12, 2016.
National Governors Association Center for Best Practices & Council of Chief State School Officers. (2010b). Common Core State Standards for mathematics. Washington, DC: Authors. Accessed at www.corestandards.org/asserts/CCSSI_Math%20Standards.pdf on July 12, 2016.
NGSS Lead States. (2013). Next Generation Science Standards: For states, by states. Washington, DC: National Academies Press.
Nye, B., Konstantopoulos, S., & Hedges, L. V. (2004). How large are teacher effects? Educational Evaluation and Policy Analysis, 26(3), 237—257.
Piaget, J. (1971). Genetic epistemology (E. Duckworth, Trans.). New York: Norton.
Rosenthal, R. (1956). An attempt at an experimental induction of the defense mechanism of projection. (Doctoral dissertation). University of California at Los Angeles.
Rosenthal, R., & Jacobson, L. (1968). Pygmalion in the classroom: Teacher expectation and pupils' intellectual development. New York: Holt, Rinehart and Winston.
Rumelhart, D. E., & Norman, D. A. (1978). Accretion, tuning and restructuring: Three modes of learning. In J. W. Cotton & R. L. Klatzky (Eds.), Semantic factors in cognition (pp. 37—53). Hillsdale, NJ: Erlbaum.
Simms, J. A. (2016, August). The critical concepts. Centennial, CO: Marzano Research. Accessed at www.marzanoresearch.com/educational-services/critical-concepts on October 6, 2016.
Toulmins, S. (1958). The uses of argument. Cambridge, England, United Kingdom: Cambridge University Press.

Tubbs, M. E. (1986). Goal setting: A meta-analytic examination of the empirical evidence. Journal of Applied Psychology, 71(3), 474—483.

Utman, C. H. (1997). Performance effects of motivational state: A meta-analysis. Personality and Social Psychology Review, 1(2), 170—182.

Walberg, H. J. (1999). Productive teaching. In H. C. Waxman & H. J. Walberg (Eds.), New directions for teaching practice and research (pp. 75—104). Berkeley, CA: McCutchan.

Wise, K. C., & Okey, J. R. (1983). A meta-analysis of the effects of various science teaching strategies on achievement. Journal of Research in Science Teaching, 20(5), 415—435.

Wood, R. E., Mento, A. J., & Locke, E. A. (1987). Task complexity as a moderator of goal effects: A meta-analysis. Journal of Applied Psychology, 72(3), 416—425.

Wright, P. M. (1990). Operationalization of goal difficulty as a moderator of the goal difficulty-performance relationship. Journal of Applied Psychology, 75(3), 227—234.

索 引

（本索引页码系英文版页码）

A

academic games, 教学游戏, using, 使用, 73-74
academic notebooks, 教学笔记, 33, 58, 59
accommodation, 顺应, 53, 58
accretion, 添加, 53
active listening and speaking, 积极倾听和交流, 93
advance organizers, 先行组织者, 54, 56
after-school function, 课后活动, 90
altruism projects, 利他主义项目, 75, 76
American Education Research Association, 美国教育研究协会, 2
arguments, 主张, structure of, ……的结构, 52
Art and Science of Teaching, 教学艺术与科学, The(Marzano, 马扎诺), 1-2, 4, 9
assessments, 评估
　change, 变革（改革）, implications for, 对……的启示, 26-27
　formal, 正式的, of individual students, 学生个体的, 22-25
　obtrusive, 强制的, 14, 15
　planning questions, 计划问题, 25-26
　preassessment, 预评估, 30, 54
　student-generated, 学生—生成的, 14, 15, 23, 24
　student progress, 学生进步, tracking, 追踪, 14-15
　summative, 总结性, 15
　system changes and using, 系统变革与使用, 115-117
　unobtrusive, 非强制性, 14, 15
　whole-class informal, 全班非正式的, 21-22
assignment revision, 作业订正, 58, 59
assimilation, 同化, 53

Association Collaborative for Teaching Thinking, 思维教学合作研究协会, 2
Association for Supervision and Curriculum Development(ASCD), 督导与课程开发协会, 2
associative stage, 联想阶段, 38, 39
autonomous stage, 自动化阶段, 38, 39

B

backing, 支持, 51
Becoming a Reflective Teacher(Marzano), 成为一个反思型教师（马扎诺）, 9
bell ringers, 摇铃者, 54
blended instruction, 混合式教学, using, 使用, 110-111

C

categorizing students, 对学生进行分类, 102
choral response, 集体回答, 67
chunking content, 内容组块, 30-31
claims, 主张, generating and defending, 生成与维护, 50-51, 52
classification charts, 分类图表, 40
Classroom Assessment and Grading That Work(Marzano),《有效的课堂评估与评分》（马扎诺）, 1, 4
Classroom Instruction That Works (Marzano, Pickering, and Pollock),《有效的课堂教学》（马扎诺, 皮克林, 波洛克）, 1, 4
classroom layout, 教室布局, organizing, 组织, 81-82
Classroom Management That Works (Marzano),《有效的课堂管理》（马扎诺）, 1, 4
class vote, 课堂投票, 72
cloze activity, 完形填空式活动, 57
coaching, 辅导, 106-107

cognitive skills,认知技能,111,112-113
cognitive state,认知阶段,38,39
cognitive tasks,认知任务,engaging students in,动员学生参与……,47-49
collaborative processing,合作过程,31,32
collaborative teams,合作团队,106
Collaborative Teams That Transform Schools(Marzano),《变革学校的合作团队》(马扎诺),105
college and career readiness,大学与职业生涯准备度,41,45
Common Core State Standards(CCSS),各州共同核心标准,18
common formal assessments,共同正式性评估,of individual students,学生个体的,22-25
communicating high expectations,寄予学习期望
asking in-depth questions,询问深层次的问题,99-100
categorizing students and use of scripts,对学生进行分类并使用脚本,102
change, implications for,变革(改革),对……的启示,101-102
incorrect answers,不正确的答案,handing,支持,100-101
planning questions,计划问题,101
value and respect,价值与尊重,showing,呈现,97-98
communication styles,沟通风格,93
comparison matrices,比较矩阵,40
competency-based system,基于能力的系统,moving to,转向至,122-124
concept attainment,概念获得,31
conferences,会议,conducting,指导,91,92
connection to something greater than self,与超越自我的事物之间的联系,75,76
constructed-response comparisons,建构式—反应之比较,40
content,内容,6,7,8
See also direct instruction lessons;详见直导教学课,knowledge application lessons;应用知识课,lessons,课时,practicing and deepening,练习/拓展,
content segments,内容阶段,8
context,上下文语境,6,7,8
See also communicating high expectation;详见寄予学习期望,engagement strategies;参与策略,relationships,关系,building,建构,rules and procedures 规则/程序
controversy,争论,using friendly,友好使用,72-73
cooperative learning,合作学习,62
corners activities,角落活动,68
cumulative review,阶段复习,57

D

debates,辩论,72
decision-making tasks,决策任务,48
declarative knowledge,陈述性知识,procedural versus,与程序性知识相对,37
demonstrations,示证,57
Designing and Teaching Learning Goals and Objectives(Marzano),《设计与教授学习目标和具体目标》(马扎诺),4
Design questions,设计问题,6-9
See also specific questions,详见具体问题
dichotomous keys,二叉式检索表,40
differential effect of teachers,教师的差异效应,121-122
Different Kind of Classroom,《差异课堂》,A (Marzano,马扎诺),1
Dimensions of Thinking(Marzano),《思维的维度》(马扎诺),1,2
direct instruction lessons,直导教学课
change,变革(改革),implications for,对……的启示,34-35,76
chunking content,内容组块,30-31
elaborating on information,对信息进行精细加工,61
highlighting critical information,强调关键信息,55-56
homework,家庭作业,assigning purposeful,

有目的地分配,60-61
planning questions,计划问题,33-34,63-64
previewing strategies,预习策略,54-55
processing content,加工内容,31-32
recording and presenting content,记录并展现内容,32-33
reflecting on learning,反思学习,59-60
reviewing content,复习内容,56-58
revising knowledge,修正知识,58-59
role of,……的角色,29
student interaction,学生交互,organizing,组织,61-63
discovery learning,发现式学习,29,47
double-bubble diagrams,双泡图,40,41
draft unit plan,草拟单元计划,107-109
dramatic enactments,戏剧性活动,33,56,68
DuFour,R.,迪富尔,R.,106
Dweck,C.,德威克,C.,75

E

Eaker,R.,埃克,R.,106
effective learning,有效学习,52
effect sizes,效果量,2-4
Einstein,A.,爱因斯坦,A.,102
elaborating on information,对信息进行精细加工,61
elements,要素,7-8,9
See also specific questions,详见具体问题
emotional triggers,情绪触发点,93
encoding information,编码信息,32
engagement,参与,components of,……的成分,65
engagement strategies,参与策略,
academic games,教学游戏,using,使用,73-74
allowing students to talk about themselves,允许学生谈论自己,74-75
change,变革(改革),implications for,对……的启示,77
controversy,争论,using friendly,友好使用,72-73
enthusiasm and intensify,兴趣与强度,demonstrating,彰显,69-70
information,信息,presenting unusual,呈现不寻常的,71
motivation techniques,激发动机的工具,75-76
noticing when students are not engaged,留心学生参与性不高的时刻,65-66
pacing,进度,maintaining a lively,保持活力的,69
physical movement,身体运动,using,利用,69
planning questions,计划问题,76-77
response rates,反应率,increasing,增加,66-67
English language arts,英语语言艺术,measurement topics for,……的测量主题,18-19
enhanced discovery,强化型发现法,47
enthusiasm and intensify,demonstrating,全情投入,69-70
errors,错误,examining reasoning,检查推理,41-42
exit slips,课后小测,59-60
experimental inquiry,实验探究,48
expert opinions,专家意见,72

F

facts,事实,51,71
fast facts,快速事实,71
feedback,反馈,5,6,8
See also assessments,详见评估,learning goals,学习目标
peer,同伴,58
verbal,口头的,16
fishbowl demonstration,鱼缸式展示,62
five basic processes,五个基本过程,58
fluency practice,熟练度练习,38,39
focused instructional time(FIT),集中教学时间,122
formal assessments of individual students,学生个体的正式性评估,22-25
Formal Assessment and Standards-Based

Grading(Marzano),《正式评估与基于标准的评等》(马扎诺),4
format-specific scores,特定方式计分,26,27
free-flowing webs,自由联网,33,105
friendly controversy,友好争论,using,使用,72-73

G

games,游戏,using academic,使用教学的,73-74
general inferential questions,一般推理类问题,61
generating claims,生成主张,evidence,论据,and reasoning(GCER),推理
 proficiency scale for,……的能力等级量表,19
give one,get one,以一得二,57
goal setting,目标设置,academic,学术的,75
Graham,S.,格雷哈姆,S.,3,4
graphic organizer,图形组织者,33,40,41,54,56
grounds,根据(理由),51,52
group contingency,群体关联性,interdependent,相互依赖的,85,86
grouping,分组,62,63
growth,进步,15,16
growth mindset,成长心态,75
guaranteed and viable curriculum,可靠又可行的课程,using,使用,111-115
guest speakers,特邀嘉宾,71

H

habits of mind,心智习性,42,44-45
Hedge,L. B.,赫奇,L. B.,122
Heflebower,T.,赫夫尔鲍尔 T.,18
highlighting critical information,强调关键信息,55-56
Hoegh,J. K.,赫格,J. K.,18
homework,家庭作业,assigning purposeful,有目的地分配,60-61
How Science Takes Stock(Hunt),科学看待股票(亨特),2
humor,幽默,70,90

Hunt,M.,亨特,M.,2

I

individual instruction,个别教学,123,124
informal assessments,非正式评估,whole-class,全班,21-22
informal conferences,非正式会议,89
informal outlines,非正式概要,32,33
information,信息,presenting unusual,呈现不寻常的,71
informational hooks,信息钩,54
inside-outside circle,内—外圈,62
instructional rounds,教学研讨,105
instructional segments,教学阶段,69
instructional strategies,教学策略,See elements,详见要素
International Reading(Literacy) Association,国际阅读(读写)协会,2
interviews,采访,student,学生,23,24
intrinsic motivation,内在动机,77
invention tasks,发明任务,48
investigation tasks,调查任务,48

J

jigsaw strategies,切块拼接式策略,31,32
job cards,工作单,62
journals,日记
 gratitude,感恩,76
 reflective,反思,59

K

Kendall,J. S.,肯德尔,J. S.,11
Khan Academy,可汗学院,55,110,111
knowledge,知识
 change,变化,types of,……的类型,53
 comparisons,比较,59,60
 procedural versus declarative,程序性与陈述性,37
 revising,调整(修正),58-59
knowledge application lessons,应用知识课
 change,变革(改革),implications for,对……的启示,51-52,64
 claims,主张,generating and defending,生成与辩护,50-51,52

cognitive tasks,认知任务,engaging students in,动员学生参与……,47-49
elaborating on information,对信息进行精细加工,61
highlighting critical information,强调关键信息,55-56
homework,家庭作业,assigning purposeful,有目的地分配,60-61
planning questions,计划问题,51,63-64
previewing strategies,预习策略,54-55
reflecting on learning,反思学习,59-60
resources and guidance,资源与指导,providing,提供,49-50
reviewing content,复习内容,56-58
revising knowledge,修正知识,58-59
student interaction,学生交互,organizing,组织,61-63
Konstantopoulos,S.,康斯坦托普洛斯,S.,122
Kounin,J.,康宁,J.,83
K-W-L strategy,"已学—想学—学会"策略,54,55

L

learning,学习,reflecting on,反思,59-60
learning goals,学习目标
change,变革(改革),implication for,对……的启示,17-20
planning questions,计划问题,16-17
scales and rubrics,量表与量规,providing,提供,11-13
student progress,学生进步,tracking,追踪,14-15
success,成功,celebrating,庆祝,15-20
learning targets,学习目标,See learning goals,详见学习目标
lesson planning,课时规划,unit planning versus,与单元规划相对,107-110
lessons,课时,direct instruction,直导教学
See direct instruction lessons,详见直导教学课
lessons,课时,knowledge application,应用知识

See knowledge application lessons,详见应用知识课
lessons,课时,practicing and deepening,练习拓展
change,变革(改革),implication for,对……的启示,43-45,64
elaborating on information,对信息进行精细加工,61
highlighting critical information,强调关键信息,55-56
homework,家庭作业,assigning purposeful,有目的地分配,60-61
planning questions,计划问题,33-34,63-64
previewing strategies,预习策略,54-55
procedural versus declarative knowledge,程序性与陈述性知识,37
reasoning errors,推理错误,examining,检查,41-42
reflecting on learning,反思学习,59-60
reviewing content,复习内容,56-58
revising knowledge,修正知识,58-59
similarities and differences,异同,examining,分析,39-41
structured practice sessions,结构化练习环节,38-39
student interaction,学生交互,organizing,组织,61-63
Lincoln-Douglas debate model,林肯—道格拉斯辩论模型,72
linguistic representation,语义表征,32
link strategies,链接策略,33
Lipsey,M.,利普西,M.,2
listening,倾听,active,积极的,93
Lord,C.G.,洛德,C.G.,102

M

Managing the Inner World of Teaching (Marzano and Marzano),《管理教学的内在世界》(马扎诺与马扎诺),101
Marzano,J.S.,马扎诺,J.S.,101,102
Marzano,R.J.,马扎诺,R.J.,1,4,5,9,11,18,29,101,102,105,106,107

Marzano Research,马扎诺研究,4
measurement perspective,测量视角,26-27
measurement topics,测量主题,18-19,111
mental disposition,心理素养,42
meta-analysis studies,元分析研究,2-4
metacognitive skills,元认知技能,112,113-115
metaphors,隐喻,40
mindfulness practice,用心操练,76
mnemonic devices,助记装置,33
modeling,示范,38,39
motivation,动机
   intrinsic,内在的,77
   techniques,技巧,75-76
motivational hooks,动机钩,69
movie and film clips,电影与短片,using,使用,70

N

narrative reviews,叙述性综述,2
National Council for the Social Studies,美国社会研究委员会,2
National Council of Teachers of English,美国英语教师委员会,2
National Council of Teachers of Mathematics,美国数学教师委员会,2
National Science Teachers Association,美国科学教师协会,2
Next Generation Science Standards,(NGSS),新一代科学教育标准,18
nonlinguistic representation,非语言表征,32
Norman,D. A.,诺曼,D. A.,53,58
Nye,B.,奈伊,B.,122

O

objectivity and control,客观性与控制,displaying,表现,92-93
obtrusive assessment,强制性评价,14,15
on-the-spot segments,现场教学阶段,8
opinion questionnaires,意见调查问卷,91
overt linkages,明显的联系,54,55

P

pace modulation,进度调节,69
pacing,进度,maintaining a lively,保持活力的,69
pair-check,配对—检查,62
paired response,组队答复,67
parent-teacher conferences,父母—家长会议,91,92
parking lot,停车场,69
peer feedback,同伴反馈,58
peer-response groups,同伴反馈组,62
peer-to-peer instruction,同伴—同伴教学,123,124
peer tutoring,同伴指导,62,63
"Perils and Promises of Discovery Learning, The"(Marzano),"发现式学习的风险与好处"(马扎诺),29
Perin,D.,佩林,D.,3,4
personal projects,个人项目,75,76
perspective analysis,观点分析,31,32
photo bulletin boards,照片公告板,90
physical classroom layout,教室的物理布局,organizing,组织,81-82
physical movement,身体运动,using,使用,68
Piaget,J.,皮亚杰,J.,53,58
Pickering,D. J.,皮克林,D. J.,1
pictionary,看图说词,73
pictorial notes and pictographs,图示笔记与象形文字,32,33
Pollock,J. E.,波洛克,J. E.,1
practice sessions,练习环节,structured,结构化的,38-39
preassessment,预评估,30,54
predetermined buddies,预定好的伙伴,62,63
previewing strategies,预习策略,54-55
problem-solving tasks,问题解决型任务,48
procedural knowledge,程序性知识
   stage of,……的阶段,38-39
   versus declarative knowledge,与陈述性知识相对,37
proficiency scales,能力等级量表

for common assessment,共同评估的,23
difference between rubrics and,与量规之间的区别,11
example of,……的例子,11-12
measurement topics and,测量主题,18-19
providing,提供,11-13
report cards,成绩单,changing,改变,117-121
social studies,社会研究,34
strategies for providing,提供的策略,12-13
teacher development,教师发展,103-104
professional learning community(PLC),专业学习社群,35,106

Q

qualifiers,限制条件,51
questioning,询问,57,61,67,99-100
quotations,引用,using,使用,70,91

R

reasoning errors,推理错误,examining,检查,41-42
reciprocal teaching,互惠教学,31
reflecting on learning,反思学习,59-60
relationships,关系,building,建构
change,变革(改革),implication for,对……的启示,94-95
objectivity and control,客观性与控制,displaying,展现,92-93
planning questions,计划问题,94
strategies for developing positive,培养积极的策略,89-90
student backgrounds and interests,学生背景与兴趣,understanding,理解,91-92
reluctant learners,不愿意学习者
asking in-depth questions of,询问深层次的问题,99-100
incorrect answers from,不正确的答案,handling,支持,100-101
value and respect for,价值与尊重,97-98
report cards,成绩报告单,changing,改变,117-121
resources and guidance,资源与指导,providing,提供,49-50
resource boards,资源板,21-22
response cards,答题卡,67
response chaining,答复链,67
response patterns,答复模式,23,24-25
response rates,反应率,increasing,增加,66-67
restructuring,再建构,53,58
reviewing content,复习内容,56-58
revising knowledge,完善知识,58-59
reward certificates,奖励证书,84
rhyming pegwords,押韵字钩法,33
routine segments,常规阶段,8
rubrics,量规
difference between scales and,与量表之间的差异,11
strategies for providing,提供的策略,12-13
rules and procedures,规则/程序
acknowledging adherence to,鼓励……84-85
acknowledging lack of adherence to,制止……85-86
change,变革(改革),implication for,对……的启示,86-87
establishing,建立,79-81
physical classroom layout,教室的物理布局,organizing,组织,81-82
planning questions,计划问题,86
withitness,审时度势,demonstrating,展现,83-84
Rumelhart D. E.,鲁姆哈特.D. E.,53,58

S

scales,量表,See proficiency scales,详见能力等级量表
scheduling changes,教学计划调整,differential effect of teachers,教师的差异效应,121-122
schoolwide studies,学校范围的研究,4
scripted cooperative dyads,脚本化的合作互助法,31,32
self-actualization,自我实现,75,76
self-audit,自我检查,104-105,106
self-care,自我关怀,93

self-monitoring,自我监控,92
self-reflecting,自我反思,92,93
seminars,研讨会,72
sentence-stem analogies/comparisons,句干类比/比较,40
"Setting the Record Straight on High-Yield Strategies"(Marzano),《直接记录高产策略》(马扎诺),1
similarities and differences,异同,examining,分析,39-41
similes,明喻,40
Simms,J. A. ,西姆斯,J. A. ,18,111
skimming,略读,54
small-group instruction,小组教学,123,124
SOPs(standard operating procedures),标准操作程序,86-87
sorting,排序,matching,匹配,and categorizing,分类,40
special needs students,特殊需求的学生,93
See also reluctant learners,详见不愿意学习者
standards,标准
change,变革(改革),implications for,对……的启示,17-20
unpacking,解读,16-17
status,状态,15,16
student backgrounds and interests,学生背景与兴趣,understanding,理解,91-92
student-designed tasks,学生—设计的任务,48
student-generated assessments,学生—生成的评价,14,15,23,24
student interaction,学生交互,organizing,组织,61-63
student mental states and processes,学生的心理状态与过程,5-6
student progress,学生进步,tracking,追踪,14-15
students,学生,allowing them to talk about themselves,允许学生谈论自己,74-75
success,成功,celebrating,庆祝,15-20

summaries,总结,32,33,40,54,57
surveys,调查,interest,兴趣,74,91,92
systematic basis,系统有序的基础,94
system changes,系统变革,making,作出
assessment,评估,using,使用,115-117
blended instruction,混合式教学,using,使用,110-117
competency-based system,基于能力的系统,moving to,转向至,122-124
guaranteed and viable curriculum,可靠又可行的课程,using,使用,111-115
report cards,成绩报告单,changing,改变,117-121
scheduling changes and differential effect of teachers,教学计划变更与教师的差异效应,121-122
teacher development,教师发展,ensuring,确保,103-107
unit planning versus lesson planning,单元计划与课时计划,107-110

T
Taylor,C. A. ,泰勒,C. A. ,102
T-charts,T型图,40,41
teacher actions and student mental states and processes,教师行为与学生的心理状态和过程,5-6
teacher-designed studies,教师—设计的研究,4
teacher-development,教师—发展,ensuring,确保,103-107
teacher-evaluation studies,教师—评价研究,4-5
Teacher Evaluation That Makes a Difference(Marzano and Toth),《教师差异评价》(马扎诺与托特》,5
teacher-prepared notes,教师—自备笔记,54
teams,小组,student,学生,62
Theory-Based Meta-Analysis of Research on Instruction(Marzano),《基于理论的教学元分析研究》(马扎诺),4
thinking hats,思考帽,31,32

think logs,思想日志,59
think-pair-share,思想—配对—分享,31,62,100
think-pair-square,思考—配对—组内交流,62
time-out,休息时间,85,86
token economies,象征性酬赏制,84,85
Toth,M. D.,托特,M. D.,5,106,107
tuning,微调,53

U

unassisted discovery,无支持的发现,47
unit planning versus lesson planning,单元规划与课时规划,107-110
unobtrusive assessment,非强制性评估,14,15

V

value-added measures,增值测量,4-5
Venn diagrams,维恩图,40,41
visual analogies/organizers,视觉类比/组织者,40
voting techniques,投票工具,21,22

W

Warrick,P.,沃里克,P.,18
webquests,网络调研,71
What Is the Question? 问题是什么? 73-74
whole-class informal assessment,面向全班的非正式评估,21-22
whole-class instruction,面向全班的教学,123,124
Wilson,D.,威尔逊,D.,3
withitness,审时度势,demonstrating,展现,83-84
WolframAlpha,搜索引擎,110
word splashes,词汇"冲浪",54
worked examples,样例,38,39

Y

Yanoski,D. C.,亚诺斯基,D. C.,18

译后记

大约在 2017 年春节前后，马扎诺研究中心的网站上预告：《新教学艺术与科学》一书即将出版。鉴于我们以前曾翻译了《教学的艺术与科学》，同时也鉴于我们对马扎诺有效教学框架持续关注的热情，所以，就立即着手开始联系该书的版权，在取得了马扎诺的协助后，Solution Tree 出版社和福建教育出版社很快达成了版权引进协议。

我们十分高兴能以较快的速度将《新教学艺术与科学》翻译出版，介绍给国内广大的校长、教师和教研员。在 2017 年暑假，马扎诺研究与教学团队选派专家来北京十一学校，曾就《新教学艺术与科学》一书对中国部分教师展开了培训。

马扎诺曾经几十年在美国大区中小学教科研机构任职，20 世纪 80 年代主要研究"思维的维度"，90 年代主要研究"学习的维度"，进入新世纪之后，主要在"新教育目标分类""有效教学策略""教学评估与学校评价""教学管理与教师专业发展"等方面开展研究。马扎诺自己创办教育咨询公司也有十几年的时间了，这是一个集研究、咨询、培训、服务、出版等一体化的机构。不过，据说马扎诺新近已经辞去公司首席执行官的职务，只担任"首席学术官"，就是说专心做学问，尽可能抓住时间总结好自己的理论。

马扎诺说《新教学艺术与科学》不是《教学的艺术与科学》简单的更新，既不是修订版，也不是第二版，是完全崭新的东西。这确实是实事求是的。《新教学艺术与科学》当然是同《教学的艺术与科学》一脉相承，因为后者是总结了马扎诺 20 世纪 80 年代、90 年代的研究成果，《新教学艺术与科学》则提炼了马扎诺 50 年研究的核心，以一种较为通俗和流畅，同时又十分严谨和规范的笔调来写作。本书也许还不够灵动飘逸，但恰恰是以朴实敦厚的面孔示人，干货满满，经得住细心品味。

《新教学艺术与科学》是一本伟大的书。马扎诺自己的说法是："《新教学艺术与科学》代表了我对有效教学研究现状的认识。这种认识肯定既追溯于过去，同时也昭示着可能的未来。"马扎诺还说："《新教学艺术与科学》是一本教学改革的宣言书。"既是对有效教学研究的总结，又是对教育发展现状考察后深思熟虑的结果。

本书除了引论之外，一共十一章。其中十章是回答马扎诺总结的教学设计10个问题，实际上也是有效教学的10个方面。

1. 教师是否能清晰交代学习目标，帮助学生了解所期望的要求和自己的进步状态？（第一章：明确学习目标）

2. 教师如何设计与实施评估，帮助学生了解测验评分评等与所期望的知识掌握要求的关系？（第二章：实施教学评估）

3. 在学习新知识时，教师如何帮助学生明白哪些是重点以及各个部分之间如何融会贯通？（第三章：开展直导教学）

4. 在示证新知识后，教师如何设计与实施教学，帮助学生加深理解并熟练掌握技能和操作流程？（第四章：积极练习/拓展）

5. 在示证新知识后，教师如何设计与实施教学，帮助学生通过知识运用的任务提出主张并为其辩护？（第五章：灵活应用知识）

6. 在各种教学的课型中，教师如何运用策略帮助学生不断整合新旧知识并据此完善理解？（第六章：善用教学策略）

7. 教师如何运用参与策略帮助学生聚精会神、焕发精神、好奇探究和斗志昂扬？（第七章：鼓励学生参与）

8. 教师如何运用策略帮助学生理解并遵循规则和程序？（第八章：贯彻规则/程序）

9. 教师如何运用策略让学生感受到自己是受欢迎的、被接纳的和有价值的？（第九章：建立良好关系）

10. 教师如何运用策略帮助那些不愿意学习的学生，使他们也能感受到自己是有价值的，并乐意与教师或同伴交流？（第十章：寄予学习期望）

同以前的概括不同，马扎诺现在将10个教学设计问题同学生的学习状态和过程联系起来，从学生这一视角而不是教师的立场来考虑问题与满足需求，真正地做到了"以学论教，以教促学"了。第十一章是探讨如何系统有序地进行教学改革，阐明为什么要采用10个设计步骤的理由。这一章可以说是本书的核心所在。

至此，马扎诺建立了一个面向21世纪的新教学设计方法。这个教学设计方法有10个步骤，43个考察"要素"和330项微型的教学、评估与管理的方式。这是一个"有效教学框架"，也是一个可操作、可评估和可推广的教学模式。

译后记

2018年春夏之际，本书中文版将与读者见面。我们衷心希望读者能够喜欢这本书。《新教学艺术与科学》是新世纪教学设计理论实现转型的代表作之一，它同《首要教学原理》《综合学习设计》和《理解为先模式——单元教学设计指南》一样，共同致力于为培养新世纪人才服务，都是提升教师专业教学素质所需要的教学设计新理论和新模式，值得大家细细阅读，好好钻研并灵活应用。

本书翻译分工如下：盛群力负责作者简介和引论的翻译及全书策划、校译和统稿；蒋慧负责第一至第六章；陆琦负责第七至第八章，参考文献，索引；金琦钦负责第九至第十一章。

衷心感谢沈祖芸从美国马扎诺研究中心带回本书的纸质版，让我们尽早一睹全貌；衷心感谢福建教育出版社成知辛、姜丹、丁毅和周敏等在引进版权和编辑本书中付出的辛劳！

本书翻译过程中可能还存在着一些疏漏或者差错，敬请读者批评指正！

盛群力

2017年10月27日于浙江大学